¡Continuemos!

Instructor's Edition

¡Continuemos!

FIFTH EDITION

Instructor's Edition

Ana C. Jarvis
Chandler-Gilbert Community College

Raquel Lebredo
California Baptist College

Francisco Mena-Ayllón
University of Redlands

Video activities prepared by Jaime Fatás

D. C. Heath and Company
Lexington, Massachusetts   Toronto

Address editorial correspondence to:

D. C. Heath and Company
125 Spring Street
Lexington, MA 02173

Published simultaneously in Canada.

Printed in the United States of America.

International Standard Book Number: 0-669-33762-5 (Student Edition).
0-669-33763-3 (Instructor's Edition).

Library of Congress Catalog Number: 94-75624.

10 9 8 7 6 5 4 3 2 1

Contents

Introduction to the Instructor's Edition

¡Continuemos!, Fifth Edition, is a complete, fully integrated intermediate Spanish program for two- and four-year colleges and universities. Designed to consolidate the language skills acquired in introductory-level courses and to build communicative skills and cultural competency, *¡Continuemos!*, Fifth Edition, emphasizes the natural use of practical, high-frequency language for communication. This Instructor's Edition describes the program and its objectives, offers suggestions for implementing the various components and the companion texts, and provides an answer key to the cloze exercises in the text.

Program Components

¡Continuemos!, Fifth Edition, features a full range of integrated components, designed with flexibility in mind to accommodate both diverse teaching styles and the varying intermediate Spanish curricula of colleges and universities.

The complete program consists of the following items:

¡Continuemos!, Fifth Edition

- Student's Edition
- Instructor's Edition
- Workbook/Laboratory Manual
- Cassette Program
- *¡Continuemos!* Video
- Video Kit (*¡Continuemos!* Video with Videoscript)
- Tapescript/Testing Program

Companion texts
- *¡Conversemos!*, with free Student Cassette (*conversation text*)
- *¡Conversemos!* Tapescript
- *Aventuras literarias*, Fourth Edition, with free Student Cassette (*literary reader*)

New to the Fifth Edition

The *¡Continuemos!* program continues to offer a comprehensive review of basic, first-year grammar structures, while developing students' reading, writing, speaking, and listening skills and increasing their awareness of Hispanic culture. In response to suggestions from reviewers and from users of the previous edition, the Fifth Edition provides new opportunities for students to progress from skill-getting to skill-using through a text-specific video, authentic cultural readings, and an increased emphasis on personalized, open-ended activities. The following lists highlight the major changes in the Student's Edition and in the components.

The Student's Edition

- The enhanced communicative emphasis can be found throughout the text. Many of the dialogue comprehension questions have been revised and the final question asks students to synthesize the content of the dialogue or to relate it to personal experience. The grammar review activities encourage pair work and open-ended responses. Also, each lesson's **¿Cuánto sabe Ud. ahora?** now contains a role-play or problem-solving pair activity, personalized discussion questions, a simultaneous interpretation activity, and a writing topic.

- An expanded **¡Bienvenidos al mundo hispánico!** section focuses students' attention on the culture and geography of the Hispanic world right from the start.

- The scope and sequence of the text has been revised: **ser** and **estar** are presented earlier, the preterit and imperfect are taught in separate lessons, and the uses of the subjunctive have been distributed more evenly.

- New **Lecturas periodísticas** expand students' cultural knowledge through authentic readings from newspapers and magazines from Spain, Latin America, and the United States. Pre-reading activities reinforce effective reading strategies and focus students' attention on important points, while post-reading activities stimulate classroom discussion by encouraging personalized responses and cross-cultural comparison.

- Twelve fully integrated video sections correlated to the *¡Continuemos!* Video engage students as active viewers, strengthening their listening and speaking skills and promoting cross-cultural awareness. Pre-viewing, post-viewing comprehension, and post-viewing expansion activities facilitate learning through a variety of task-based exercises targeted specifically to the abilities of intermediate students. A supplementary vocabulary list enhances students' understanding of the authentic footage featured on the video.

- New **Prácticas** in a variety of formats reinforce the nuances of language presented in **Palabras problemáticas.**

- An appealing new design features full-color photos and maps of the Spanish-speaking world. Icons appear throughout the text to signal small-group activities, writing topics, and video activities.

The Components

- The *Workbook / Laboratory Manual* for the Fifth Edition reflects changes in the student's text and features more activities. The **Actividades para escribir** now include a crossword puzzle for vocabulary review, a reading comprehension exercise, and an open-ended writing activity in each lesson. The **Actividades para el laboratorio** now follow the workbook activities for each lesson and feature a new listening-and-writing exercise.

- Each of the twelve 60-minute audiocassettes in the Cassette Program contains a new listening-and-writing exercise based on realistic simulations of ads, newscasts, interviews, and other forms of authentic input.

- Specifically designed for use with the student text, the new one-hour *¡Continuemos!* Video provides a unique opportunity to develop students' listening skills and cultural awareness through authentic television footage from countries throughout the Spanish-speaking world. Thematically linked to the lessons in *¡Continuemos!*, the twelve **Teleinforme** video modules present diverse images of traditional and contemporary Hispanic life and strengthen students' awareness of linguistic variation and nonverbal cues. For instructors' convenience, the Videoscript comes shrink-wrapped to the video.

- The Testing Program has been completely revised and expanded. Each quiz of 100 points now contains a variety of cloze and open-ended activities that test grammar concepts, vocabulary, and listening comprehension. The final exams now include reading comprehension activities, and the number of exercise items has been increased on both the midterm and final exams.

Objectives of the Program

The integrated four-skills approach of *¡Continuemos!*, Fifth Edition, prepares intermediate students to use Spanish in real-life situations by emphasizing oral communication and by developing the other basic language skills. To meet these goals, the program has been designed with the following objectives in mind:

- To reinforce and expand the vocabulary base acquired by students in first-year Spanish. Practical, high-frequency vocabulary presented in culturally authentic contexts takes students beyond the basic survival skills acquired in introductory classes and sets the stage for extended discourse.

- To review fundamental grammar structures and to foster the mastery of concepts not fully acquired in the first year of study. The presentation of most structures in *¡Continuemos!* expands on the morphological and syntactical elements normally presented in beginning Spanish.

- To strengthen students' communicative competency by providing ongoing opportunities for oral practice in realistic contexts (debates, role-plays, and problem-solving situations) that lend themselves to more sophisticated discourse strategies, for example circumlocution and paraphrasing.

- To broaden students' knowledge of the geography of the Hispanic world and to increase their familiarity with contemporary Hispanic culture and their ability to make cross-cultural comparisons.

- To develop students' ability to read and understand authentic texts from the Spanish-speaking world and to articulate their observations, reactions, and opinions.
- To develop listening comprehension skills by exposing students to natural language as spoken by native speakers from a variety of Hispanic countries in real-life contexts.
- To improve writing skills by providing ongoing practice in contexts that reinforce the vocabulary and structures taught in the text.

Organization of the Textbook

¡Continuemos!, Fifth Edition, consists of twelve regular lessons, four self-tests, and a reference section. The reference materials at the end of the text include a summary of syllabification, accentuation, and punctuation rules; a summary of regular and irregular verb conjugations; an answer key to the self tests; and Spanish–English and English–Spanish vocabularies. To assist instructors in implementing the various features of the text, they are described in detail in this section.

¡Bienvenidos al mundo hispánico!
This introductory section develops cultural competency through new full-color maps, a list of countries, capitals, and nationalities, and questions on the geography of the Hispanic world.

Lessons 1–12
The following features recur in each of the twelve text lessons:

Lesson Opener
Each lesson begins with a list of grammatical objectives accompanied by a photo that illustrates the lesson's theme.

Dialogues and *Charlemos*
To develop communicative competence, students must be exposed to language samples presented in realistic contexts. The dialogues serve this function as they introduce the new vocabulary and grammatical structures that will be practiced throughout the lesson within the framework of high-frequency situations that present the lessons' central theme. Comprehension questions on the dialogue (**Charlemos**) provide immediate reinforcement of the vocabulary and communicative functions presented. To build oral discourse skills, the final question in this section asks students to synthesize the content of the dialogue or to relate it to a personal experience, setting the stage for extemporaneous discussion of the lesson topic.

Vocabulario
The **Vocabulario** sections list all new words and expressions presented in the dialogues by parts of speech or under the heading **Otras palabras y expresiones**. Entries in this list are to be learned for active use and are reinforced in the lesson's activities.

Palabras problemáticas

To promote linguistic awareness, this section introduces students to nuances in the usage of specific lexical items that commonly cause difficulties for native speakers of English. These include groups of Spanish words with a single English translation, Spanish synonyms with variations in meaning, and false cognates. **Práctica** activities in a variety of formats reinforce the meanings and usage of the **palabras problemáticas.**

Estructuras gramaticales

All grammar explanations are presented clearly and succinctly in English, with numerous examples of usage so that students may use these sections for independent study and reference. All grammatical terms are followed by their Spanish equivalents. When appropriate, new structures are compared and contrasted with previously learned Spanish structures or with their English equivalents. The **¡Atención!** heading signals areas of potential interference between Spanish and English or points out important exceptions to the primary grammar rules whenever necessary. Assigning each grammar point as outside reading the day it will be covered in class allows the instructor to devote more time to illustrating and practicing the grammar in context through the activities provided in the textbook.

Práctica

Each structure introduced in the **Estructuras gramaticales** sections is immediately followed by a subsection entitled **Práctica**, which reinforces the grammar points through exercises that range from controlled drills to open-ended contextualized activities. Among the many exercise formats featured are substitution drills, transformations, fill-ins, personalized questions, sentence completions, and interviews. Many of these exercises are designed to be done either orally or in writing at the instructor's discretion. Cloze exercises may be assigned as written homework to reinforce the new material; the more open-ended activities may be assigned as homework if advance preparation is needed or done orally in class in pairs or groups so that all students have the opportunity to communicate in Spanish.

¿Cuánto sabe usted ahora?

This series of directed and open-ended activities synthesizes new grammar and vocabulary presented in the lesson and allows students to apply what they have learned to communicating in Spanish both orally and in writing. The following activities are included in each lesson:

Palabras y más palabras: Fill-in and word association exercises reinforce the lesson vocabulary. They are suitable for independent review or they may be completed as a pair, group, or whole class activity.

Ud. es el intérprete: These simultaneous interpretation tasks provide contextualized practice of vocabulary and grammatical structures.

Vamos a conversar: This activity stimulates meaningful oral expression through personalized questions that may be used as pair, group, or whole class activity.

Communicative activity: These simple pair activities promote student-to-student interaction as students perform role-plays, conduct interviews, or complete other problem-solving tasks.

Writing topic: These thematic topics develop students' ability to express themselves in writing. They may be assigned as homework or used in class as timed writing tasks.

Continuemos...

This section consists of two parts. The first, **Aumente su vocabulario,** provides thematic groupings of useful words and phrases related to the lesson topic. Its purpose is to expand students' vocabulary base; these expressions are to be learned for active use in subsequent activities. **¿Recuerda el vocabulario nuevo?** contains two activities for immediate reinforcement.

De esto y aquello...

This end-of-lesson activity section promotes and develops oral proficiency by involving students in realistic, communicative situations related to the lesson theme. Designed for pair or small group work, the activities engage students in lively, meaningful, and practical tasks such as interviews, surveys, debates, and role-plays. The following activities are included in this section:

Hablemos de...: In this activity, students must read and use information from authentic documents such as newspaper / magazine ads and brochures to answer a series of questions.

¿Qué dirían ustedes?: This sequence of brief role-play situations reinforces the contexts and themes that have been presented throughout the lesson.

¡De ustedes depende!: This activity features a more challenging or elaborate role-play situation; the scenario usually involves several tasks.

Una encuesta: Here students conduct a survey of their classmates on topics related to the lesson theme. The results of the survey form the basis for a class discussion.

Debate / Mesa redonda: To encourage extended oral discourse, this activity asks students to engage in a debate or round-table discussion on a thought-provoking or controversial issue related to the lesson theme.

To prepare students for the **De esto y aquello...** activities, especially in the early lessons, brainstorming sessions that focus on the ways in which the situations might evolve and the vocabulary needed to respond appropriately may prove beneficial, particularly to students experiencing difficulty. Assigning pairs or groups so that weaker students work with more able peers can also be helpful.

Lecturas periodísticas

Chosen for their appeal and accessibility, these authentic readings from newspapers and magazines from Spain, Latin America, and the United States expand students' cultural knowledge while reinforcing the lesson themes. New cultural concepts and noncognate words and phrases are explained in marginal glosses. To develop students' reading skills, **Para leer y comprender** incorporates a proven reading strategy along with a series of pre-reading questions. Personalized, open-ended questions (**Desde su mundo**) follow each reading and provide opportunities for students to discuss their own opinions and experiences in relation to the reading topic. Students should be encouraged to employ the reading strategies and to use the pre-reading questions to help them focus on meaning rather than on translating every word. To check comprehension, students may be asked to paraphrase the selection orally or in writing.

Teleinforme

In conjunction with the captivating visual images presented on the authentic footage in the **Teleinforme** modules of the *¡Continuemos!* Video, the **Teleinforme** activities expand upon and enhance students' cultural knowledge of the Hispanic world. The three activity sections — **Preparación** (pre-viewing), **Comprensión** (post-viewing comprehension), and **Ampliación** (post-viewing expansion) — are pedagogically designed to fully exploit the video footage and to give students the support they need to comprehend natural speech. To accomplish these goals, a variety of task-based activities are used: true/false, sentence completion, comprehension questions, sequencing of actions, multiple choice, brainstorming, and role-play situations. The supplementary **Vocabulario** sections facilitate students' understanding of the video.

The following strategies are helpful for using the **Teleinforme** modules and activities to best advantage:

- Model pronunciation of the **Vocabulario** as a pre-viewing activity and instruct students to circle words in the **Vocabulario** as they hear them in the video.
- Tell students not to worry about understanding every word as they watch the video, but to focus on getting the gist of what is being said. Emphasize that attention to background settings and nonverbal communication will help students to understand what is going on in the video clips.
- View the video clips as many times as necessary for student comprehension. Using the pause button to freeze an image while you ask a question about it is an excellent way to verify comprehension.
- Point out locations shown in the video on maps to increase students' familiarity with the geography of the Hispanic world.

Compruebe cuánto sabe

These self-tests, which follow Lessons 3, 6, 9, and 12, contain exercises designed to review the vocabulary and structures introduced in the three preceding lessons. Organized by lesson and by grammatical structure, they enable students to determine quickly what material they have mastered and which concepts to target for further review. The answer key in Appendix C provides immediate verification.

Appendixes

The three appendixes at the end of the text serve as a useful reference.

Apéndice A: This summary of rules related to Spanish syllabification, use of accent marks, and punctuation will help students to improve their writing skills.

Apéndice B: The conjugations of the highest-frequency regular, stem-changing, and irregular Spanish verbs are organized here in a convenient, readily accessible format for quick reference and review.

Apéndice C: This answer key to the four **Compruebe cuánto sabe** self-tests enables students to check their own progress quickly throughout the course.

End Vocabularies

Spanish–English and English–Spanish vocabularies are provided for students' reference. The Spanish–English vocabulary contains both active and passive vocabulary found in the student text. All active words and expressions are followed by the number of the lesson in which they are activated. No lesson reference is given for passive vocabulary, since students are not expected to internalize these words or expressions. The English-Spanish vocabulary contains only active vocabulary presented in the **Vocabulario** and **Aumente su vocabulario** sections of the text.

Supplementary Materials

Workbook / Laboratory Manual

Each lesson of the *Workbook / Laboratory Manual* is correlated to the corresponding lesson in the student's text and is divided into two sections. Both sections now include more activities. The **Actividades para escribir** reinforce each grammar point and the lesson vocabulary through a variety of exercise formats, including sentence completion, transformation, sentence builders, fill-in-the-blank, chart completion, and translation. Each lesson now contains a crossword puzzle for vocabulary review, a reading comprehension activity, and an open-ended writing activity. Designed for use with the *¡Continuemos!* Cassette Program, the **Actividades para el laboratorio** for each lesson include structured grammar review exercises, listening-and-speaking practice, contextualized vocabulary review, pronunciation practice, a new listening-and-writing exercise, and a dictation. Answer keys for the workbook exercises and the laboratory dictations are provided to enable students to monitor their progress independently.

Cassette Program

The Cassette Program for *¡Continuemos!*, Fifth Edition, available for student purchase, is fully supported by the *Workbook / Laboratory Manual*. The following recorded material is provided for each lesson:

Estructuras gramaticales
Four to six structured, mechanical exercises that reinforce the grammar concepts.

Diálogos
Realistic simulations of conversations, interviews, newscasts, ads, and editorials, followed by comprehension questions.

Lógico o ilógico
A series of statements that checks students' comprehension of lesson vocabulary and structures. After responding, students are given both the correct answer and the reason why each statement is logical or illogical.

Pronunciación
Ongoing pronunciation practice of words and expressions introduced in each lesson.

Para escuchar y escribir
Tome nota, a listening exercise in which students write information based on what they hear in realistic simulations of radio advertisements, announcements, newscasts, and other types of authentic input, followed by **Dictado**, a dictation covering the target lesson vocabulary and structures.

Tapescript / Testing Program

The Tapescript contains a written transcript of the contents of the Cassette Program. The completely revised and expanded Testing Program consists of one quiz for each of the twelve textbook lessons, two midterm examinations, two final examinations, a complete answer key for all test items, and a script for the listening comprehension portion of each quiz and test.

The *¡Continuemos!* Video

Developed specifically for use with *¡Continuemos!*, Fifth Edition, this exciting, new 60-minute video provides a broad cultural overview of the Hispanic world through authentic television footage from countries throughout the Spanish-speaking world. It also improves listening comprehension skills, since it exposes students to "real" language; that is, the video provides natural contexts for students to see and hear native speakers in real-life situations. To facilitate classroom use, each of the twelve **Teleinforme** video modules is approximately five minutes long and includes two to four clips. The footage presents diverse images of traditional and contemporary Hispanic life through commercials, interviews, travelogues, and reports on music videos, art exhibits, and cooking. The video is available for student purchase.

¡Continuemos! Video Kit

For instructors' convenience, the Videoscript comes shrink-wrapped to the video.

Coordinating *¡Continuemos!* with the Companion Texts

¡Continuemos!, Fifth Edition, and its companion texts may be implemented using a variety of strategies and text combinations to meet individual course objectives and instructor preferences. The text descriptions and suggestions that follow offer some ideas as to how the three texts may be used in various configurations to suit the requirements of specific courses.

¡Conversemos!

¡Conversemos! offers an array of lively, communicative pair and small-group activities specifically designed to develop speaking and listening skills and to facilitate student interaction. Topically organized, each of its twelve lessons contains 10–12 activities based on practical, high-interest topics. Interactive problem-solving tasks, role-plays, realia- and illustration-based activities and conversation starters stimulate meaningful communication as students apply their personal experiences to real-life situations such as defining personal goals, establishing a budget, planning an event, and applying for a job. The engaging, student-centered activities motivate students to use language creatively while reinforcing key language functions such as persuading, obtaining information, responding to requests, expressing preferences, and giving commands. Numerous authentic documents, photographs, illustrations, and readings throughout the text provide points of departure for discussion, debate, and cross-cultural comparison. A free Student Cassette allows students to complete the in-text listening activities independently.

Aventuras literarias, Fourth Edition

Aventuras literarias, Fourth Edition, is a richly diverse collection of over fifty manageable, minimally edited selections from the works of classical and contemporary figures in Spanish and Latin American literature. Signaled by a cassette icon in the table of contents, key selections are recorded on the 90-minute audiocassette that comes with each copy of the reader. Brief background information on the author and style of each reading is provided. Numerous glosses and footnotes define new vocabulary and explain cultural points. Pre-reading activities, vocabulary development, comprehension questions, literary analysis, and discussion and composition activities enhance students' understanding.

Implementation Strategies

Courses Emphasizing Conversation

These courses may combine *¡Continuemos!*, Fifth Edition, with *¡Conversemos!* by emphasizing independent study of grammar structures and using class time for communicative activities. Many of the activities in *¡Conversemos!* are divided into **Pasos,** allowing instructors to choose the tasks most suited to their students' interests and abilities.

Courses Emphasizing Literature

¡Continuemos!, Fifth Edition, may be used effectively in conjunction with *Aventuras literarias,* Fourth Edition. Depending on the class schedule and the students' reading abilities, one, two, or all of the reading selections in a given chapter of the reader may be assigned after or during the presentation of the corresponding lesson in the core text.

Courses Emphasizing Both Conversation and Literature

Instructors who wish to enhance the reading and the conversation component of their intermediate courses may use both *¡Conversemos!* and *Aventuras literarias* in conjunction with the core text, alternating discussion of literary selections with activities from *¡Conversemos!* as best fits the course schedule.

Using the Texts Independently

Although *¡Continuemos!*, Fifth Edition, and its companion texts constitute an integrated program, each one may be used as a stand-alone text or in conjunction with other texts.

Answer Key

¿Cuánto sabe usted sobre el mundo hispánico?, pág. xv 1. Madrid 2. Córdoba, Granada y Sevilla 3. Al norte, Francia y el golfo de Vizcaya; al este, el mar Mediterráneo; al sur, Marruecos, y al oeste, el océano Atlántico 4. Los Pirineos / el estrecho de Gibraltar 5. En el mar Mediterráneo 6. Avilés, Gijón, Santander y San Sebastián 7. Barcelona, Valencia, Tarragona y Cartagena 8. Cuba, República Dominicana y Puerto Rico 9. Cuba es la más grande, y Puerto Rico es la más pequeña. 10. En Brasil, donde hablan portugués. 11. Bolivia y Paraguay 12. chileno(a) / costarricense 13. Montevideo / Asunción 14. Con Panamá, Venezuela, Brasil, Ecuador y Perú 15. Con Chile y Argentina. 16. Guatemala, Honduras, El Salvador, Nicaragua, Costa Rica y Panamá 17. Las islas Malvinas 18. Los Andes 19. Al norte, con Estados Unidos, y al sur, con Guatemala y Belice. 20. El Canal de Panamá

LECCIÓN 1

Charlemos, pág. 3 1. David es de Nueva York y Marta es de Chile. Están en un aula de la Universidad de Tejas. 2. Esperan al profesor de francés. 3. No existen los cursos electivos ni los requisitos generales. 4. Toman los requisitos generales en la escuela secundaria. 5. No es obligatoria la asistencia a clases. 6. Marta tiene una beca. 7. Debe (Tiene que) estudiar día y noche. 8. Quiere ir al cine Fox porque hoy pasan una buena película. 9. Dice que es de última hora, pero acepta la invitación porque no tiene ganas de quedarse en casa. 10. Sé que no es puntual porque llega tarde a (la) casa de Marta.

Palabras problemáticas, pág. 5 1. conoces / toma / Sabes / sé / llevar / preguntar / pedir 2. Sabes / sé / Toma (Coge, Agarra) / conozco / llevar 3. sé

Estructuras gramaticales: pág. 6 Answers will vary.

A, pág. 7 Answers will vary.

B, pág. 7 Answers will vary.

A, pág. 10 1. La fiesta es a las ocho. 2. El vestido es de rayón. 3. Rodolfo es muy bajo. 4. Elsa está de mal humor. 5. La maleta está en el dormitorio. 6. Mi hermana es ingeniera. 7. Es mejor asistir a clase. 8. Elena está de viaje. 9. El profesor está corrigiendo los exámenes. 10. ¿Quién es esa chica? 11. Mi novia es de Buenos Aires. 12. Estoy de acuerdo con mis padres. 13. El concierto es mañana. 14. Mañana es el ocho de diciembre. 15. El pobre gato está muerto. 16. Mis padres están de vuelta. 17. Marta es inteligente. 18. ¿Dónde es la fiesta? 19. Las puertas están abiertas. 20. Teresa es muy joven.

B, pág. 10 Son / están / es / Es / está / es / son / es / es / están / está / está / están / estás / es / es / es / Estás / es / eres / estás / soy / soy / es / Es / estoy

C, pág. 11 Answers will vary.

D, pág. 11 1. —¡Estoy aburrido(a)! ¿Qué podemos hacer? —Podemos ir al cine. 2. —¿Está en cama? —Sí, el pobre chico (muchacho) está muy enfermo. 3. —¿Dónde es la reunión (la junta)? —Es en el aula 25. La Dra. Vega va a hablar sobre los nuevos requisitos. —Yo no quiero ir. Ella es muy aburrida. —Tiene(s) que ir. Tenemos que estar allí a las cuatro. ¿Está(s) listo(a)? —Todavía no. ¿Dónde está David? ¿Va a estar allí? —David está de vacaciones. —¿Otra vez? ¡Ese chico (muchacho) es muy listo! ¡Nunca trabaja!

A, pág. 12 1. quiere / prefiere / comienza / almuerza / Sigue / vuelve / cena / duerme 2. vuelan / sueñan / consiguen / Sienten / pierden / dicen Follow-up: Answers will vary. Verb forms: 1. quiero / prefiero / comienzo / almuerzo / sigo / vuelvo / ceno / duermo 2. vuelo / sueño / consigo / siento / pierdo / digo

B, pág. 13 Answers will vary.

C, pág. 13 1. cuesta / almuerza / servimos / compite 2. enciende / encuentra / mueren / sugiero 3. Recuerdan / cuenta / confiesa / tiene / repite 4. impide / muerde / pierde / despierta

D, pág. 13 Answers will vary.

A, pág. 15 1. A / a / — 2. — / a 3. A / A / a / a 4. a / —

B, pág. 15 1. —David ve a Marta a veces, ¿no? —Sí, él visita a todos sus amigos frecuentemente. 2. —¿A quién esperas? —No espero a nadie. Estoy esperando (Espero) el ómnibus. —¿No estás esperando (esperas) a tu hermana? —(Yo) no tengo hermanas. 3. —Voy a llevar a Marisa a la fiesta. —¿Van a tomar un taxi? —No, tengo chofer. 4. —¿Es Ud. (Tú eres) americano(a)? —No, pero yo amo a los Estados Unidos. Es un gran país. 5. —¿Hay alguien aquí? —Yo no veo a nadie.

¿Cuánto sabe Ud. ahora?:   A, pág. 15   1. asistir
2. materia   3. requisito   4. examen parcial (examen de
mediados de curso)   5. por lo visto   6. aula   7. charlar
8. educativo   9. por lo regular   10. bastar   11. ahora
mismo   12. beca   13. curso   14. no ser nada puntual
15. día y noche   16. a más tardar   17. listo(a)   18. país

B, pág. 16   *Nora:* What classes are you taking this
semester?   *John:* Química, matemáticas, inglés y
psicología.   *Nora:* They are very difficult subjects!
John: ¡Ya lo creo! Y yo tengo que mantener un buen
promedio porque tengo una beca.   *Nora:* How many
years do you have to study to get your degree?
John: Cuatro. ¿Tú eres estudiante también?   *Nora:* Yes,
I study medicine in my country.

C, pág. 16   Answers will vary.

D, pág. 16   Answers will vary.

E, pág. 16   Answers will vary.

¿Recuerda el vocabulario nuevo?:   A, pág. 17
1. Facultad de Ciencias Económicas (Comerciales)
2. abogado(a)   3. Facultad de Medicina / dentistas
4. bibliotecario(a)   5. Psicólogo / conferencia
6. veterinario   7. primaria   8. Facultad de Arquitectura
9. universidades privadas / universidades estatales
10. solicitud / Letras   11. programador(a)
12. farmacéutico   13. enfermeras   14. sistemas
15. matrícula   16. profesorado   17. informática
(cibernética, computación)   18. trabajador

B, pág. 18   Answers will vary.

Hablemos de carreras, pág. 19   1. Corrigen las fallas
del Bachillerato. Nivelan las diferencias entre el Liceo y la
Universidad. Permiten aprobar el primer semestre sin
dificultades. Crean y estimulan el hábito de estudios.
2. Más del 70 por ciento de los alumnos resultan
aplazados.   3. Ofrecen cursos especiales para los que
desean ingresar en la Facultad de Medicina.   4. Queda en
la Plaza Venezuela, Centro Capriles, 1ª Mezzanina.   5. Se
debe llamar al teléfono 782-82-10 o al 782-48-53.
6. Están abiertas hasta el viernes.

B, pág. 21   1. Aún no saben qué estudiar, porque elegir
la carrera no es un asunto sencillo.   2. No tiene un
sistema de orientación profesional para ayudar al alumno a
tomar una decisión.   3. Ha creado un estudio psicológico,
que analiza el perfil individual del estudiante.   4. La
mayoría de los alumnos elige la carrera en el momento de
inscribirse en las universidades y muchos lo hacen al azar.
5. Opina que el recién graduado casi nunca cuenta con
una orientación que le muestre las diferentes opciones
profesionales que existen, y esta situación influye
profundamente en el mercado de profesionales en
Colombia.   6. Los trabajadores que se forman son
mediocres porque la persona escoge dedicarse a algo que
nada tiene que ver con sus gustos y aptitudes más fuertes.
7. Decidió crear un programa de orientación profesional
con un grupo de expertos en educación y en psicología.
8. Les ofrecen la oportunidad de hacer una elección
consciente de la carrera que más les conviene.

Preparación, pág. 23   anguish, elementary school,
campus, summer fun, education, athletic facilities,
humanities, curriculums/courses of study, practice/
training, reform, overpopulation/overcrowding,
green spaces

Comprensión: A, pág. 24   *Possible Answers:*
1. Empieza a los cuatro años. Dura dos años. Los niños
se inician en la escritura y en la lectura a base de juegos.
2. Dura ocho cursos y es de carácter obligatorio. Con él,
los estudiantes obtienen el Graduado Escolar.   3. Es para
estudiantes que quieren hacer una carrera universitaria.
Dura tres años. Hay asignaturas obligatorias y optativas.
4. Dura un año. Los estudiantes se preparan para entrar en
la universidad.   5. Es un examen que sirve para
determinar si el estudiante tiene nivel para hacer la carrera
que le guste. Es un examen muy criticado.

B, pág. 24   1, 2, 5, 6.

Ampliación, pág. 24   Answers will vary.

LECCIÓN 2

Charlemos, pág. 27 1. Planea ir de vacaciones.
2. El señor Alba quiere ir a veranear a un balneario cercano; Carmen quiere ir a Nueva York; Pepe quiere hacer una gira por Europa y Ada sueña con un crucero por el Caribe. 3. Decide ir a una agencia de viajes para poder tomar una decisión. 4. Quieren hacer escala en Caracas para visitar a unos amigos. 5. Lo dice porque pueden aprovechar el descuento que da la aerolínea.
6. Conversan para pasar el tiempo en el aeropuerto y en el avión. 7. Va a tomar el sol en la playa de Copacabana y va a hacer una excursión al Pan de Azúcar y al Cristo del Corcovado. 8. El avión llega a Venezuela. 9. Answers will vary. 10. Answers will vary.

Palabras problemáticas, pág. 29 1. —¿Puede(s) llevar estos folletos a la agencia de viajes a las dos y media? —No, voy a estar ocupado(a) a esa hora. —¿Puede(s) ir más tarde? —No, hoy no tengo tiempo. 2. ¿Dónde trabaja(s)? —En la universidad, bajo la supervisión del profesor Rojas. —¿Dónde está su oficina? —Abajo.
3. —¿Cuántas veces a la semana tiene(s) clases? —Tres veces a la semana. (Tres veces por semana.)

Estructuras gramaticales: A, pág. 30 1. tus / mi
2. sus / nuestros / Nuestras 3. tu / tus / mis 4. su / nuestro Follow-up: Answers will vary.

B, pág. 31 Answers will vary.

pág. 32 1. Tomás dice que Marta es una buena amiga suya (de él) 2. Carlos y Elena dicen que las maletas suyas (de ellos) están en la sala de equipaje. 3. Aída dice que no podemos ir en el coche suyo (de ella) porque no funciona. 4. David dice que los amigos suyos (de él) lo esperan en el aeropuerto. 5. Norma dice que el novio suyo (de ella) no es nada puntual. 6. Luisa dice que el equipaje mío está en mi cuarto. 7. Roberto dice que las tarjetas de embarque nuestras están aquí. 8. Olga dice que todo el dinero nuestro no basta para comprar los pasajes.

A, pág. 34 1. La nuestra 2. el suyo 3. la tuya / La mía 4. Las suyas 5. las mías / las tuyas 6. Los nuestros

B, pág. 34 1. —La maleta verde es la tuya, ¿verdad, Rosita? —No, la verde es la de Ana. La mía es amarilla.
—¿Y los bolsos de mano negros? ¿Son tuyos también?
—Sí, son míos. 2. —¿Aterriza el vuelo de Pepe antes que el nuestro? —Sí, el suyo llega a las seis. —¿Va a reservar un cuarto en nuestro hotel? —No, el nuestro es demasiado caro para él.

A, pág. 36 1. Yo estoy leyendo unos folletos. 2. Mi papá está durmiendo en el asiento. 3. Mi mamá está poniendo los bolsos debajo del asiento. 4. La azafata está sirviendo las bebidas. 5. Muchos pasajeros están pidiendo refrescos. 6. El piloto está diciendo que debemos abrocharnos los cinturones. 7. Un niño está corriendo por el pasillo. 8. Mi hermana está escribiendo tarjetas postales.

B, pág. 36 1. Sí, sigo (continúo) trabajando en el mismo lugar. 2. Sí, sigo (continúo) viviendo en la misma ciudad. 3. Sí, sigo (continúo) veraneando en el mismo balneario. 4. Sí, sigo (continúo) planeando hacer una excursión este fin de semana. 5. Sí, sigo (continúo) teniendo problemas económicos.

C, pág. 36 Answers will vary.

A, pág. 38 lo / La / nos / Los / lo / me / te / me

B, pág. 38 1. Sí, puedo invitarlos (los puedo invitar).
2. Sí, voy a comprarlas (las voy a comprar). 3. Sí, quiero usarlo (lo quiero usar). 4. Sí, voy a traerlas (las voy a traer). 5. Sí, voy a llamarlo / la (lo / la voy a llamar).
6. Sí, te necesito para limpiar la casa antes de la fiesta.
7. Sí, puedo llevarlos (los puedo llevar) después de la fiesta.

C, pág. 39 —¿Conoce Ud. a Ana Vera, Srta. Peña?
—Sí, la conozco. Voy a verla (La voy a ver) esta tarde.
—Me llama todas las semanas. Espero visitarla pronto.
—Sé que ella la (te) quiere ver también. ¿Por qué no viene(s) conmigo? 2. —¿Va a llevarnos (Nos va a llevar) al cine, señorita Martel? —Sí, siempre los (las) llevo al cine los sábados. —Pero parece muy cansada... —Sí, lo estoy.

¿Cuánto sabe Ud. ahora?: A, pág. 39 1. abrocho
2. Ya 3. altavoz / vuelo / destino 4. cercano
5. Cataratas 6. embarque (embarco) / auxiliar (azafata)
7. tomar / bronceador / anteojos 8. veranear / vacaciones 9. Por / tomar 10. hora / para 11. cola / gente 12. debajo / fila 13. Según / ahorrar
14. hermosa

B, pág. 39 *Turista:* Quiero hacer una excursión. Quiero ver las Cataratas de Iguazú. *Agente:* We have special rates now, because it's not the tourist season. *Turista:* Magnífico. Quiero reservar un pasaje para este fin de semana. ¿Tiene Ud. un horario (itinerario) de vuelos?
Agente: Yes, here you are. There is a flight that leaves for Asunción at ten o'clock in the morning. *Turista:* Perfecto. Puedo ver la ciudad y después tomar un ómnibus para las cataratas. *Agente:* Here is your ticket. You have a window seat in row five. Have a nice trip!

C, pág. 40 Answers will vary.

D, pág. 40 Answers will vary.

E, pág. 40   Answers will vary.

¿Recuerda el vocabulario nuevo?:   A, pág. 41
1. hospedarme / pensión   2. pagar por adelantado
3. lista de espera   4. castillos / catedrales   5. recuerdos
6. monumento   7. alojamiento   8. en tránsito
9. embajada   10. aduana   11. guía   12. consulado
13. llegada (salida)   14. confirmar / cancelar
15. equipaje

B, pág. 41   Answers will vary.

Hablemos de viajes, pág. 42   1. La agencia de viajes
Ovni ofrece la excursión.   2. Sí, está a 250 metros al norte
de la embajada americana.   3. La excursión va a México.
4. Dura nueve días.   5. Lacsa es de Costa Rica.   6. La
moneda nacional de Costa Rica es el colón.   7. Van a
visitar la catedral metropolitana.   8. No, el precio incluye
el servicio de guías.   9. Sí, van a tener tiempo para hacer
compras.   10. Sí, la excursión incluye el alojamiento.

LECTURAS PERIODÍSTICAS

B, pág. 44   1. Lo que más atrae es su bellísima
naturaleza.   2. Sí, para conocer el famoso Parque
Nacional de Tortuguero.   3. Recomienda excursiones a la
selva, al Valle del Orosí, al Lago Arenal, a los volcanes y al
Parque Nacional del Volcán Irazú.   4. Es pequeño, pero
elegante y exclusivo; está en lo alto de una montaña;
arregla excursiones para los turistas; y es posible disfrutar
de la piscina, montar a caballo, ir de excursión al cercano
Parque Nacional de Guayabo o simplemente sentarse en el
jardín.   5. Podemos visitar la Catedral, el Teatro Nacional
y el Museo Nacional.   6. Recomienda el San José Palacio,
que está situado en una colina con vista de la ciudad, y el
Hotel Cariari, un poco más lejos, cerca del aeropuerto.

TELEINFORME

Preparación, pág. 46   Answers will vary.

Comprensión: A, pág. 47   F (Se encuentran cientos de
miles de criaturas, insectos y vegetación exótica.)   2. V
3. V   4. F (Es un importante centro ecológico.)   5. V

B, pág. 47   1. El océano Atlántico y el mar Mediterráneo;
África y Europa.   2. En el punto más meridional de la
Península Ibérica, en el estrecho de Gibraltar.   3. La costa
marroquí.   4. Un viento fortísimo de componente Este.
5. una cincuentena (50 kilómetros).   6. Una gigantesca
área de servicio.   7. Campings, hoteles especializados,
escuelas, comercios y talleres.   8. Porque aquí sopla el
viento 24 horas al día los 365 días del año.

Ampliación, pág. 47   Answers will vary.

LECCIÓN 3

Charlemos, pág. 50   1. Marisol y Rebeca están en Perú.
2. Van a comprar objetos de artesanía para sus familias.
3. Marisol le va a llevar un vestido a su mamá. Rebeca le
va a llevar un portafolio a su hermano y una chaqueta a su
papá.   4. Miran cinturones y joyas.   5. Piensa comprar
un abrigo de alpaca.   6. Lo va a comprar (Va a comprarlo)
en la tienda Marité.   7. Marisol gastó todo su dinero en
Paraguay.   8. Compró una sobrecama, adornos y cestas.
9. Answers will vary.   10. Answers will vary.

Palabras problemáticas, pág. 51   1. pueblo / gente /
personas   2. pedir / ordenó   3. encargar

Estructuras gramaticales: pág. 53   — / los / — / la
/ el / El / la / la / — / el / el / la / El / el / — / la
/ la

pág. 54   1. Es abogado.   2. Es un actor muy famoso.
3. Es americano.   4. No, es un demócrata fanático.
5. Es católico.   6. Trabaja de (como) auxiliar de vuelo.
7. Quiero beber media botella de vino.   8. El vino cuesta
cien pesos.   9. Sí, otro plato de sopa.   10. Yo no uso
sombrero.

A, pág. 56   Answers will vary.

B, pág. 56   Answers will vary.

C, pág. 57   1. —Quiero cortarte el pelo, querido(a).
—Está bien, quizás lo puedes hacer (puedes hacerlo) esta
tarde.   2. ¿Les escribes a tus padres, Julia? —Sí, les
escribo todos los lunes.   3. —¿Qué estás haciendo,
Teresa? —Estoy lavándole (Le estoy lavando) las manos a
Anita.   4. —Le vamos a enviar (vamos a enviarle) las
sortijas (los anillos) mañana, señor Vera. —Muy bien; ¿me
pueden enviar (pueden enviarme) también las pulseras?

A, pág. 58   1. Yo salí de mi casa a las siete.   2. Mi
profesor estudió y trabajó hasta las nueve.   3. Mis
hermanos asistieron a un concierto.   4. Nosotros
planeamos nuestras actividades juntos.   5. Mi compañero
de cuarto y yo comimos y bebimos en la cafetería.   6. Mis
amigos corrieron por la mañana.   7. Mi mamá me llamó
por teléfono.   8. Tú les escribiste a tus padres.

Follow up: Answers will vary.

B, pág. 58   estudié / regresé (volví) / comí / tomé
(bebí) / miramos / llamó / escribí / preparó / aprendió
/ visitaron / conversó (habló) / volví

C, pág. 59   Answers will vary.

A, pág. 60   Answers will vary.

B, pág. 61   Answers will vary. *Verb forms:*   1. tuvo
2. estuvieron   3. anduviste   4. quiso   5. dijiste

6. hicimos   7. vinieron   8. trajeron   9. traduje
10. fui

C, pág. 61   Answers will vary.

pág. 62   1. saqué / pagué / busqué   2. contribuyeron
/ leyó   3. huyó / oyó   4. Empecé / toqué   5. almorcé
/ llegué

A, pág. 63   1. durmieron   2. consiguieron   3. pediste /
pidió   4. repitió   5. sirvieron   6. murieron   7. vestí /
vistió   8. eligieron

B, pág. 64   1. ¿Cuándo comenzó a estudiar Ud. en esta
universidad?   2. ¿Qué libros leyó Ud. el semestre pasado?
3. ¿Por qué eligió Ud. esta clase?   4. ¿A qué hora llegó
Ud. a la universidad hoy?   5. ¿Cuándo sacó Ud. un libro
de la biblioteca?   6. ¿Cuánto pagó Ud. por su libro de
español?   7. ¿Qué pidió Ud. en la cafetería?   8. ¿Qué
sirvió Ud. en la última fiesta que dio?   9. ¿Cuántas horas
durmió Ud. anoche?

¿Cuánto sabe Ud. ahora?:   A, pág. 64   1. ponerse
contento(a)   2. joyas   3. cartera   4. oro   5. un
montón   6. anillo (sortija)   7. por las nubes   8. dueño
9. cinturón   10. arete   11. de ahora en adelante
12. pulsera   13. portafolio   14. algodón   15. precio

B, pág. 64   *Elsa:* What kind of jewelry do you have for a
fifteen-year-old girl?   *Dueña:* ¿Por qué no le compra estos
aretes de plata? Cuestan solamente treinta dólares. Son una
ganga.   *Elsa:* And this ring?   *Dueña:* Cien dólares. El oro
es más caro. Hay otra sortija (otro anillo) que es un poco
más barata(o)...   *Elsa:* I'm going to buy the earrings. Can
you wrap them as a gift?   *Dueña:* Sí. ¡Ah! ¡Usa ella
sombrero? Los sombreros están en venta hoy.   *Elsa:* No,
thank you. I bought her one already.   *Dueña:* Ayer
recibimos unos bolsos de cuero muy bonitos... ¿Quiere
verlos? (¿Los quiere ver?)   *Elsa:* No, no. I don't want to
spend more money. How much do I owe you?   *Dueña:*
Treinta y dos dólares y diez centavos.

C, pág. 65   Answers will vary. *Questions:*   1. ¿A quién
visitaste?   2. ¿Dónde cenaste?   3. ¿Qué estudiaste?
4. ¿Dónde estuviste?   5. ¿Qué hiciste?   6. ¿Qué
programa miraste?   7. ¿Cuántas horas dormiste?
8. ¿Qué compraste?   9. ¿Con quién saliste?   10. ¿A qué
hora volviste?

D, pág. 65   Answers will vary.

E, pág. 65   Answers will vary.

F, pág. 65   Answers will vary.

¿Recuerda el vocabulario nuevo?:   A, pág. 66
1. nilón   2. sin mangas   3. rayas   4. esmeralda
5. rubí   6. muñecas   7. perlas   8. mármol   9. arcilla

10. alfombra   11. topacio   12. hilo (lino)
13. diamante   14. lana

B, pág. 66   Answers will vary.

Hablemos de artesanías, pág. 67   1. No, porque en La Perla venden artículos de artesanía importados de Latinoamérica.   2. Pueden comprar billeteras, bolsos, portafolios y cinturones de cuero.   3. Importan vestidos bordados de Guatemala y México.   4. Son de encaje de *ñandutí*. Los importan de Paraguay.   5. Sí, venden joyas de oro y plata.   6. Las traen de Perú y Bolivia.   7. No, porque la tienda está cerrada los domingos.   8. El horario es de diez a seis, de lunes a viernes, y los sábados de doce a cinco.

LECTURAS PERIODÍSTICAS

B, pág. 69   1. Son tres hermanos españoles. Hace poco más de treinta años que empezaron a trabajar en cerámica.   2. Inauguró el Museo y Galerías Lladró en Nueva York.   3. Empezaron a trabajar en cerámica en las casas "Azulejera Valenciana" y "Nalda".   4. Los primeros artículos que vendieron fueron creaciones florales y platos decorados con motivos de la pintura clásica.   5. La fábrica está en Tavernes Blanques, Valencia, España.   6. Tiene 24.000 empleados y las figuras son exportadas a todas partes del mundo.

TELEINFORME

Preparación, pág. 71   Answers will vary.

Comprensión: A, pág. 71   1. Reflejan la vida y las costumbres de los pueblos prehispánicos.   2. Cada pueblo tiene su propio mercado de cerámica.   3. Acuden para admirar y, si es posible, comprar algunas piezas de cerámica.   4. La usan para muchas cosas, entre ellas la elaboración de papel.   5. Son dibujos sobre corteza de árbol con diferentes motivos.

B, pág. 71   1. F (Son difíciles de hacer, porque se hacen a mano.)   2. V   3. V   4. V   5. F (Los turistas se enamoraban de las toquillas.)   6. F (Las toquillas todavía se hacen en Ecuador.)

C, pág. 72   1. tendero / consejos   2. fresco / bonito / apilado   3. comercios / asociación   4. generalmente / empleados   5. tiendas / antiguas   6. joyas / siglo

Ampliación, pág. 72   Answers will vary.

LECCIÓN 4

Charlemos, pág. 80   1. Están planeando varias actividades para el fin de semana.   2. Piensan ir al Museo del Prado y a un club. El domingo, piensan escuchar un concierto de música clásica y ver una zarzuela. Después, piensan dar una vuelta por la Gran Vía.   3. Creo que es grande porque la última vez que estuvieron en el museo no tuvieron tiempo de verlo todo.   4. Antes no le gustaba, pero ahora le encanta.   5. Algunos muralistas son Rivera, Orozco y Siqueiros.   6. Ester pinta muy bien; Irma tomaba clases de dibujo, pero nunca aprendió a dibujar (no adelantó mucho).   7. Le interesa la música folklórica y ahora quiere aprender más canciones sudamericanas. 8. Irma lo va a ayudar; va a enseñarle canciones de varios países y le va a prestar algunos discos de grupos latino-americanos.   9. No, no les gusta el mismo tipo de música; a Pablo le gusta la música folklórica y a Diego le gusta más el rock.   10. Answers will vary.

Palabras problemáticas, pág. 81   1. ¿Qué piensa Ud. de la obra de Picasso, Srta. Varela? —Pienso que él era un gran pintor. —Pensamos ir a dar una vuelta después de salir del museo. ¿Quiere ir con nosotros(as)? —No puedo. Tengo tanto (mucho) trabajo...   2. —¿En qué estás pensando, Raquel? —Estoy pensando en el concierto. —¿Piensas ir con nosotros(as)? —No (lo) sé... Tengo que pensarlo.

Estructuras gramaticales: A, pág. 83   Answers will vary.

B, pág. 84   Answers will vary.

A, pág. 85   *Preterit* (completed action): estuvimos / tuvimos / comencé / aprendí / viste / fuiste / estuve / aproveché / dijeron / aprendí / empecé / pagué / adelanté / toqué / gustaron / hice   *Imperfect*: gustaba (mental or emotional condition) / pintaba (indirect discourse) / pintaba (habitual action in the past) / era (age in the past) / tomaba (habitual action in the past)

B, pág. 85   era / llegaste / Eran / fuimos / hiciste / estaba / hacía / fuimos / volvimos / dijo / dolía / vino / Dijo / se llamaba / era / Era / tenía / Hablaba / estaba / estudiábamos / dijo / iba / viste / salía / fueron / estuvo

C, pág. 86   Answers will vary.

D, pág. 86   Answers will vary.

A, pág. 87   1. quería / supo   2. conocía / conocí   3. podía   4. sabía   5. quiso

B, pág. 87   Answers will vary.

A, pág. 88   1. A ellos les gusta más la música moderna. 2. David dice que a Ud. le gusta más la música clásica.

3. Al pueblo le gusta más la música popular.   4. A mí me gusta más tocar la guitarra.   5. A mí me gustan más los murales de Orozco.   6. ¿Te gustan más los pintores modernos?   7. A mi profesor le gusta más pintar con acuarela.   8. A nosotros nos gusta más bailar en la discoteca.   9. A Marisa le gustan más los manteles bordados.   10. A ti te gustan más estas joyas, ¿verdad? 11. A ellos les gusta más estudiar por su cuenta. 12. A Oscar le gusta más enseñar en la escuela secundaria.   13. Según ella, a Carlos le gusta más la carrera de médico.   14. Creo que a ellos les gusta más irse de vacaciones en el verano.

B, pág. 89   Answers will vary.

C, pág. 89   Answers will vary.

pág. 90   me quedan / Me faltan / le encantan (le gustan) / gusta / Me duele / te duele / me duelen

A, pág. 91   1. No se los compró.   2. No me los dio. 3. No se lo pintó.   4. No nos la trajo.   5. No te lo envió. 6. No se las regaló.   7. No se las mandó.   8. No se los trajo.

B, pág. 92   Answers will include: 1. Se los voy a traer... (Voy a traérselos...)   2. Se las voy a mandar... (Voy a mandárselas...)   3. Sí, ya se las llevé. (No, no se las llevé.) 4. Se lo voy a entregar...(Voy a entregárselo...)   5. Sí, ya se la devolví. (No, no se la devolví todavía.)

C, pág. 92   Answers will vary.

pág. 93   1. —¿Tu abuelo quiere tener una fiesta de cumpleaños? —Se lo puedo preguntar (Puedo preguntárselo) esta noche. —¿Cuántos años tiene él? —No lo sé, y no se lo quiero preguntar (no quiero preguntárselo).   2. —Anita, ¿cuándo es el examen? ¿Me lo puedes decir? (¿Puedes decírmelo?) —Es mañana por la tarde. —Necesito tu libro de español. —Si me lo pides esta noche, Paco, te lo puedo prestar (puedo prestártelo / dártelo). —¿Por qué esta noche? ¿Adónde vas ahora? —No te lo puedo decir. (No puedo decírtelo.)

¿Cuánto sabe Ud. ahora?:   A, pág. 93   1. tocadiscos 2. cuantos   3. óleo   4. vuelta   5. hace   6. embargo / cuadros   7. serio   8. concierto   9. obra   10. cintas 11. dibujos   12. mundo / toca   13. canciones / todo 14. joven / apartamento (piso)

B, pág. 93   *Paul*: Podemos ir a un club. ¿Te gusta la música folklórica sudamericana?   *Estrella*: I love it! But I went to a club last night . . .   *Paul*: ¿Te gusta el arte moderno? Podemos ir al Museo de Arte Moderno mañana por la tarde.   *Estrella*: Perfect! And in the evening, I'm invited to a rock concert with some friends. Do you want to come with us?   *Paul*: No me gusta mucho el rock...Me gusta más la música clásica...   *Estrella*: Then we can do something on Saturday, if you want.   *Paul:* Vale (Está bien.) Te llamo el viernes. Y ahora me tengo que ir (tengo que irme) porque se hace tarde y tengo mucho trabajo.

C, pág. 94   Eran / podía / dolía / salí / estaba / hacía / veía / había / iba / oí / vi / salía / era / llevaba / venía / vi / di / conocía / era / corrí / dije / debía / miró / reconoció / siguió / conocí / éramos / vivíamos / jugábamos / sabía / sabía / tenía / vi / venía / iba / pasaba / oí / llamaba / desperté.

D, pág. 94   Answers will vary.

E, pág. 94   Answers will vary.

F, pág. 94   Answers will vary.

¿Recuerda el vocabulario nuevo?:   A, pág. 95
1. cuarteto   2. piano   3. órgano   4. estatua / escultor
5. escenario   6. violín   7. trompeta   8. arpa
9. pinceles   10. compositor (músico)   11. batería
12. bailarín   13. saxofón   14. sintetizador

B, pág. 95   Answers will vary.

Hablemos de arte, pág. 96   1. Está en Medellín.
2. Sí, es un instituto muy antiguo. Fue fundado en 1899.
3. Ofrece artes plásticas, dibujo infantil y ballet.
4. Podemos aprender a tocar piano, violín, cello, contrabajo, flauta, clarinete, oboe, guitarra y percusión.
5. Se debe escribir a Palacio de Bellas Artes Cra. 42 (Córdoba) No. 52–53.

LECTURAS PERIODÍSTICAS

B, pág. 97   1. Decidió aprender el oficio de mercader de arte después de invertir tiempo y esfuerzo en encontrar una galería interesada en vender y promover su obra.
2. Se exponen los nuevos valores del arte latinoamericano del sur de California.   3. Se encuentra el motivo de los valores indigenistas.   4. Se llama "Mi tierra".   5. Las escribieron Gloria, su esposo Emilio y otros músicos latinos.   6. Fue producido en Miami, Madrid y Londres.
7. Es bailarín principal del American Ballet Theater de Nueva York. Comenzó a estudiar ballet en Buenos Aires.
8. Según Bocca, los argentinos ven ahora al ballet con otra perspectiva; entienden y aceptan que la danza es una actividad profesional.   9. Ganó la medalla de oro en la Quinta Competencia Internacional de Ballet en Moscú. Se siente orgulloso de representar a los hispanos.

TELEINFORME

Preparación, pág. 101   Answers will vary.

Comprensión: A, pág. 101   1. V   2. F (Son artistas cubanos.)   3. F (Han explorado mucho su identidad cultural.)   4. F (Ha sido, hasta hace poco, desconocido en Europa y en los Estados Unidos.)   5. V   6. V   7. F (El arte de Latinoamérica refleja un continente con veinte países, con historias y culturas diferentes.

B, pág. 101   1. a.   2. b   3. a   4. b   5. c

Ampliación, pág. 102   Answers will vary.

LECCIÓN 5

Charlemos, pág. 105   1. Es moreno, de estatura mediana y muy simpático. Vive en Sevilla y trabaja en la compañía de electricidad.   2. Está de buen humor porque es viernes y tiene planes para el fin de semana. Al llegar a su casa se afeita, se baña y se viste para salir a cenar con sus amigos.   3. Preparó caldo de pollo, filete con patatas fritas, verduras y, de postre, arroz con leche.   4. Paco va a ir a Barcelona. Va por avión porque tiene que estar de vuelta para el lunes, sin falta.   5. Va a ir de excursión a Jerez de la Frontera. Está contento porque va con Carmen.   6. Es simpatiquísima y más atractiva que Carmen.   7. Porque la hermana de Carmen es casada.   8. Comen aceitunas, tortilla, jamón y queso, patatas muy picantes y paella. Beben cerveza y vino tinto.   9. Hoy le toca pagar a Manuel.   10. Answers will vary.

Palabras problemáticas, pág. 106   1. Sí, (No, no me) gusta la comida picante.   2. No, como poco.   3. No, tomo té caliente.   4. No, me sirvo un poco de cada comida.   5. No, tomo un trozo pequeño.   6. No, escojo un lugar de clima cálido.

Estructuras gramaticales: A, pág. 109   1. te levantas / Me levanto / me acuesto   2. se queja / se burlan   3. se bañan / nos bañamos / nos lavamos   4. te arrodillas / te sientas   5. te acuerdas / me olvido

B, pág. 109   1. Cuando nosotros tenemos mucho sueño, nos acostamos.   2. Si me duelen los pies, puedo quitarme (me puedo quitar) los zapatos.   3. Para saber si la comida está picante o no, nosotros la probamos.   4. Si soy similar a mi padre, la gente me dice que yo me parezco a mi padre.   5. Para no estar cansado(a) al día siguiente, debo dormir.   6. Cuando termina la clase, el profesor se va.   7. Antes de comprar una chaqueta, me la pruebo.   8. Si hace mucho frío, yo me pongo el abrigo.   9. Si la clase es muy aburrida, yo me duermo.   10. Después de despertarnos, nos levantamos.

C, pág. 110   (*Posibilidades*)   1. me levanto   2. se baña   3. se peina   4. te pruebas la ropa   5. nos ponemos un abrigo   6. se van   7. me quito los zapatos   8. se quejan   9. te arrodillas   10. nos acostamos

pág. 110   1. Ellos se ven (se encuentran).   2. Ellas se hablan (se llaman).   3. Nosotros nos escribimos (nos llamamos por teléfono, nos visitamos).   4. Uds. se ven (se encuentran, se hablan).

A, pág. 114   Answers will vary.

B, pág. 114   1. hermosísimas   2. simpatiquísima   3. feísimo   4. facilísimo(a)   5. grandísimo(a)   6. pequeñísimos   7. rapidísimo   8. riquísimo   9. tardísimo   10. lentísima (*Sentences will vary.*)

C, pág. 114   1. Mario es el mejor estudiante. Juan es el peor estudiante.   2. Juan es el mayor. Raúl es el menor.   3. Marta tiene la casa más grande. Rosa tiene la casa más pequeña.   4. Ana es la más alta. Ester es la más baja.

D, pág. 115   Answers will vary.

A, pág. 116   quien / cuyos / que / quién / que / que / quien / que

B, pág. 117   Answers will vary.

A, pág. 118   (*Posibilidades*)   1. Necesito la cartera para el sábado.   2. Tengo que pagar ochenta dólares por los regalos.   3. Vamos a estar en Sevilla por dos semanas.   4. Me dio dinero para comprar los pasajes.   5. Llegamos tarde por la lluvia.   6. El caldo de pollo es para Roberto.   7. Hablo tan bien el español que me toman por hispano.   8. Fui por mi sobrino a las tres.   9. Salgo para Nueva York mañana.   10. Marisa estudia para abogada.   11. Caminamos por el centro con Alberto.   12. La novela fue escrita por Cervantes.   13. Para norteamericano, habla muy bien el español.   14. Todo el trabajo está todavía por hacer.   15. ¿Te gusta viajar por avión?

B, pág. 118   Answers will vary.

A, pág. 119   1. por desgracia   2. para eso   3. por eso   4. Para qué   5. por aquí   6. Por fin   7. para siempre   8. por completo / por lo menos   9. por ejemplo   10. para tanto

B, pág. 119   1. ¿A qué hora vienes por mí, Jorge? / A las nueve, porque tenemos que estar de vuelta para las once.   2. ¿Cuánto dinero necesitas para comprar las camisas? / Por desgracia, voy a necesitar por lo menos cien dólares. / ¿Para quién son? / (Para) Tomás.   3. ¿Cuándo sales para Buenos Aires, Anita? / La semana que viene. / ¿Cuánto tiempo vas a estar allí? / Voy a estar (quedarme) en Argentina por dos meses. / ¿Cuánto pagaste por los pasajes? / Mil doscientos dólares. Por suerte, mi padre me dio el dinero.

¿Cuánto sabe Ud. ahora?:   A, pág. 120   1. aceituna   2. pedazo   3. reunión   4. mediano   5. legumbres (verduras)   6. tipo   7. tacaño   8. picante   9. al llegar   10. de vez en cuando   11. meter   12. encontrarse   13. tocarle a uno   14. bromear   15. estar de vuelta   16. filete   17. de estatura mediana   18. sabroso

B, pág. 120   *Señora:* ¿A qué hora te levantas generalmente?   *Victoria:* At eight, because I don't go to bed until twelve.   *Señora:* ¿Piensas ir a tu clase de inglés con la muchacha que vino a verte ayer, o necesitas el coche?   *Victoria:* I'm going with her. She is coming for me at ten.   *Señora:* Muy bien. ¿Puedes estar de vuelta a las doce? Estoy preparando filete con patatas (papas) fritas para el almuerzo.   *Victoria:* Yes, I'm going to manage to return at that time. Your son says that you are the best cook in the world.

C, pág. 120   Por / por / por / por / por / para / para / Por / por / por / por / por / por / por / para / para

D, pág. 121   Answers will vary.

E, pág. 121   Answers will vary.

F, pág. 121   Answers will vary.

¿Recuerda el vocabulario nuevo?:   A, pág. 122
1. fresas   2. término medio   3. carne   4. langosta / cangrejo / camarones   5. mixta   6. perros / hamburguesas   7. tallarines (fideos)   8. chuletas / ternera (cordero)

B, pág. 122   Answers will vary.

Hablemos de comida, pág. 124   1. Debemos ir a La Fonda de Paco porque el anuncio dice que podemos comer bien y gastar poco.   2. Debemos ir al restaurante Dandy porque tiene un "show" de primerísima calidad.   3. Debemos ir al restaurante La Pampa porque tiene cocina argentina.   4. Debemos ir al Restaurante O'Pazo porque tiene los mejores pescados y mariscos del mundo.   5. Debemos ir al restaurante Canta Gallo porque tiene un precio especial para niños.   6. Debemos ir al Casino Gran Madrid, donde va a actuar Raphael.   7. Debemos ir al restaurante Don Emiliano porque sirve especialidades regionales mexicanas.

LECTURAS PERIODÍSTICAS

B, pág. 125   1. Madrid se ha modernizado. Ahora hay supermercados; las tabernas se convierten en bares y los antiguos cafés en cafeterías.   2. Algunos platos típicos son la olla podrida, el gazpacho, la fabada, el pote gallego, el lacón, la paella y el bacalao a la vizcaína.   3. En los barrios céntricos, Madrid conserva su espíritu de viejo pueblo castellano y la gracia popular del antiguo Madrid. También sigue manteniendo un "regionalismo gastronómico".   4. No, los emigrantes peninsulares no buscan los mismos restaurantes que los turistas. Prefieren las tabernas y los restaurantes económicos que ofrecen platos típicos.

TELEINFORME

Preparación, pág. 127   Answers will vary.

Comprensión: A, pág. 128   1. La comida rápida es de agradecer.   2. Las personas normalmente no tenemos tiempo o estamos demasiado cansadas para ponernos a cocinar.   3. X   4. Siempre es más fácil llevar a los niños a comer fuera.   5. X   6. Nos hacen la vida más cómoda y hasta nos sirven en nuestra propia casa.   7. X

B, pág. 128   Answers will vary. *Sample answers.*   1. un tipo de pescado.   2. cosa redonda de aluminio en la que se preservan comida y otras cosas.   3. individualmente   4. grasa líquida   5. una flor cuyas semillas se usan para hacer aceite

C, pág. 128   4, 1, 6, 3, 5, 2

Ampliación, pág. 128   Answers will vary.

LECCIÓN 6

Charlemos, pág. 131 1. Porque su esposo tiene el colesterol muy alto. 2. Es necesario que baje de peso y que haga ejercicio. 3. Dice que lo que ella quiere es un esposo joven. 4. Quiere que Mario pierda unas treinta libras. 5. Porque los ejercicios vigorosos ayudan a mantenerse joven. 6. Dice que se va a hacer socio de un club. Espera que no cobren mucho. 7. Debemos evitar las drogas, el tabaco y el estrés. 8. Los alimentos que contienen fibra. 9. Debemos beber por lo menos ocho vasos de agua al día. 10. Answers will vary.

Palabras problemáticas, pág. 132 1. me puse 2. Se hizo 3. se convirtió 4. corto 5. baja

Estructuras gramaticales: pág. 134 1. traiga, divida, conozca, corra, hable, saque 2. mantengas, conserves, decidas, comas, vengas, llegues 3. hable, vea, aprenda, abra, quepa, empiece 4. dediquemos, digamos, bebamos, recibamos, volvamos, paguemos 5. hagan, insistan, teman, pongan, viajen, toquen

pág. 135 1. que nosotros pidamos 2. que Estela pueda 3. que tú vayas 4. que ellos sepan 5. que Ud. empiece 6. que Uds. mientan 7. que nosotras durmamos 8. que tú y yo demos 9. que Ana y Eva sirvan 10. que Roberto esté

A, pág. 137 1. adelgazar / disminuyas / hagas 2. beba / limite / mantenga / conservar / hagas 3. perdamos / comamos / digan 4. trate / duerma / des 5. llegue / vaya / seas

B, pág. 137 Answers will vary.

C, pág. 137 1. Te ordeno que comas los vegetales. (Te ordeno comer los vegetales.) 2. Te prohíbo que mires un programa de televisión que empieza a las doce. (Te prohíbo mirar un programa de televisión que empieza a las doce.) 3. Te ordeno que hagas la tarea. (Te ordeno hacer la tarea.) 4. Te prohíbo que juegues en la calle. (Te prohíbo jugar en la calle.) 5. Te permito que leas un libro. (Te permito leer un libro). 6. Te ordeno que te acuestes. (Te ordeno acostarte.)

pág. 138 Answers will vary.

A, pág. 139 1. vayas / poder / salgamos / 2. sepa / dé 3. lea / siga / quiera / 4. estar / estén / vengan

B, pág. 140 Answers will vary.

C, pág. 140 Answers will vary.

A, pág. 141 1. Evite el estrés y duerma por lo menos seis horas al día. 2. Disminuya el consumo de sal. 3. No se preocupe demasiado. 4. Tome la medicina dos veces al día, pero no la tome con el estómago vacío.

5. Vuelva en dos semanas. 6. Dele este papel a la recepcionista y pídale un turno 7. Llámeme si tiene algún problema. *Follow-up:* Answers will vary.

B, pág. 141 1. Escriban las cartas. 2. Traduzcan las cartas (Tradúzcanlas) al español. 3. Vayan al correo. 4. Llévenle los documentos al Sr. Díaz. 5. Preparen todos los informes para esta tarde. 6. Estén aquí mañana temprano. 7. Búsquen otro empleo.

C, pág. 142 Answers will vary.

¿Cuánto sabe Ud. ahora?: A, pág. 142 1. cambiar 2. socia 3. mido / pulgadas 4. libras 5. artículo / al 6. caso / lata 7. pesas 8. evitar 9. joven 10. peso 11. aumentar / alimentos 12. adelgazar (perder peso) 13. único 14. lleno

B, pág. 143 *Sr. Torales:* Lately I feel tired all the time. My legs hurt, too. *Dra. Wilson:* Quítese la chaqueta y siéntese. *Sr. Torales:* I hope it's nothing serious. *Dra. Wilson:* Veo que tiene la presión alta. Lo primero que quiero que haga es perder peso (adelgazar). *Sr. Torales:* What do you recommend that I do to lose weight? *Dra. Wilson:* Haga ejercicio todos los días; aumente el consumo de alimentos que contengan fibra. Limite el uso de la sal y beba (tome) mucha agua. *Sr. Torales:* Are you going to prescribe any medicine for me? *Dra. Wilson:* Sí, tome estas pastillas tres veces al día y vuelva en un mes.

C, pág. 143 dé / sepan / nos hable / señalar / ayudarlos / haya / nos aclare / hable / le haga / tener / preguntarle / nos llamen *Follow-up:* Answers will vary.

D, pág. 144 Answers will vary.

E, pág. 144 Answers will vary.

F, pág. 144 Answers will vary.

¿Recuerda el vocabulario nuevo?: A, pág. 145 1. ponerme a dieta 2. vitamina 3. calcio 4. fuente 5. espinacas / zanahorias 6. descansar 7. rábano / remolacha 8. apio 9. ligero 10. hongo 11. engordar (ganar peso) 12. proteína 13. lechuga / brócoli 14. hierro 15. ají 16. ajo / cebolla 17. repollo 18. pepino

B, pág. 145 Answers will vary.

Hablemos de la salud, pág. 146 1. Debemos llamar al 739–01–23. 2. Pueden asistir al gimnasio los jóvenes de la familia. 3. Tienen clases de judo, karate y tae-kwon-do para chicos y chicas, y clases de kung-fu sólo para chicos. 4. Pueden tomar una clase de defensa personal. 5. El baile español, el ballet clásico y el jazz son exclusivamente para chicas.

LECTURAS PERIODÍSTICAS

B, pág. 148   1. Se deben comer con moderación la grasa, los helados, los quesos, los aderezos para ensaladas y los aceites.   2. Debemos utilizar utensilios de teflón, preparar las carnes al horno o a la parrilla, y las verduras al vapor.
3. Podemos hacer ejercicio regularmente, tratar de hacer actividades divertidas que no incluyan el comer, y acudir a terapia individual o de grupo si tenemos dificultad para mantener el peso.   4. Debemos tener cuidado con las píldoras que prometen "derretir" la grasa o quitar el apetito.   5. Se deben evitar las que enfatizan un tipo de alimento sobre otros, como toronjas u otras frutas; las que insisten en mezclar únicamente cierto tipo de alimentos; y las que se tienen que seguir con suplementos de minerales y vitaminas, especialmente si esas "fórmulas especiales" se venden con la dieta.   6. Answers will vary.

TELEINFORME

Preparación, pág. 151   abuse; candy; cult / worship; diagnosis; natural (folk) medicine; oracle / fortune teller; sacred; healthy

Comprensión: A, pág. 151   1. Crean serios problemas y enfermedades de difícil curación, como altos índices de grasa en la sangre (colesterol).   2. El ritmo de vida actual; el escaso control de la alimentación infantil; el abuso de dulces de producción industrial; el escaso consumo de frutas y verduras; el abuso de comida rápida, bollería y helados.   3. Se ven altos índices de grasa.   4. Es mala (No es la adecuada).   5. Enseñan a los niños a comer y a estar más sanos.

B, pág. 152   Answers will vary.

Ampliación, pág. 152   Answers will vary.

LECCIÓN 7

Charlemos, pág. 161 1. Los conocieron en Guadalajara, donde están estudiando medicina. 2. No, no le gusta. 3. Sí, le gustan los deportes, porque quiere ir a ver un partido de fútbol. 4. Quiere comprar las entradas en seguida. 5. Sí, le interesa el boxeo. Lo sé porque habla de la pelea que ganó Pedro Benítez. 6. No, no creo que esquíe bien, porque la última vez que esquió, por poco se mata y (necesita mejorar su estilo). 7. Les gusta ir a acampar y hacer otras actividades al aire libre. 8. Juega al fútbol. 9. El club Fénix y el equipo de la Ciudad de México tuvieron suerte. Los Leones y el equipo español no tuvieron suerte. 10. Answers will vary.

Palabras problemáticas, pág. 163 1. —Tuve que faltar a clase ayer. —¿Qué pasó? ¿Estuviste enfermo(a)? —No, perdí el ómnibus (el autobús). —Pues... te perdiste una clase muy interesante. 2. —David está en Africa con el Cuerpo de Paz. —Esa organización realiza una gran labor. ¿A él le gusta? —Dice que ahora se da cuenta de la suerte que tiene. —¿Cuánto tiempo va a estar allí? —Diez meses. Lo echamos de menos.

Estructuras gramaticales: A, pág. 164 Answers will vary.

B, pág. 164 1. Sentémonos cerca de la ventana. 2. No, no nos sentemos en la sección de fumar. 3. Pidámosle el menú. 4. No, no lo pidamos ahora. 5. Sí, digámoselo. 6. Sí, pongámosle vinagre y aceite. 7. Sí, pidámosla. Sí, dejémosle propina.

C, pág. 165 Answers will vary.

A, pág. 166 1. Yo no creo que sea fácil conseguir entradas para la pelea de hoy. 2. No es verdad que ese boxeador sea el mejor. 3. Yo no dudo que a ella le interesa leer la página deportiva. 4. Luis no niega que él y Raquel se pelean. 5. No estoy seguro de que Inés sepa bucear. 6. Es cierto que nuestro equipo siempre gana. 7. Yo creo que ella sabe jugar al tenis. 8. Yo dudo que ellos estén en el estadio.

B, pág. 167 Answers will vary.

A, pág. 168 Answers will vary.

B, pág. 168 Answers will vary.

A, pág. 170 1. Hace seis meses que trabajo en la compañía de electricidad. 2. Hace tres horas que estamos en el estadio. 3. Hace cuatro días que el sindicato no se reúne. 4. Hace tres meses que no cobro mi salario. 5. Hace veinte minutos que el pescado está en el horno. 6. Hace treinta minutos (media hora) que la comida está lista. 7. Hace dos años que estudio español. 8. Hace diez horas que no como.

B, pág. 170 1. Hacía dos horas que ellas hablaban de deportes cuando yo llegué. 2. Hacía cuatro días que ella estaba en México cuando se enfermó. 3. Hacía veinte minutos que Uds. charlaban cuando yo los llamé. 4. Hacía una hora que nosotros mirábamos la pelea cuando ocurrió el accidente. 5. Hacía dos años que nosotros no lo veíamos cuando él vino.

C, pág. 170 Answers will vary.

¿Cuánto sabe Ud. ahora?: A, pág. 171 1. perderme / reñido 2. jugadores / lastimaron / tiempo 3. combate / asalto / golpe 4. deportiva 5. marcó / venció 6. mejorar 7. entradas 8. eso 9. estadio 10. poco 11. apuesto 12. naranja / campaña 13. caballo / escalar

B, pág. 171 *David:* ¿Viste la pelea anoche? *Javier:* No, I don't like boxing. I prefer soccer or basketball. *David:* ¿Tú juegas al fútbol? *Javier:* Yes, on Saturdays I play with some friends. Do you want to play with us? *David:* Dudo que pueda ir, y no creo que Uds. quieran que yo juegue en su equipo. No soy muy bueno. ¿Quieres ir a patinar el domingo? *Javier:* No, the last time I went skating I almost killed myself. *David:* Unos amigos y yo pensamos (estamos planeando) ir a acampar el próximo fin de semana. ¿Quieres ir? Podemos pescar y montar a caballo... *Javier:* Perfect! I haven't gone horseback riding for a long time. (It's been a long time since I've gone horseback riding.)

C, pág. 171 tenga / sea / cueste / es / funciona / quiera / vende / sea / pueda / quieren / tenga / pueda

D, pág. 172 1. No es verdad que yo tenga treinta años. 2. Es difícil (dudoso) que saque una "A" en el examen de hoy. 3. Es improbable (difícil, dudoso) que Juan consiga un trabajo que pague bien. 4. Es imposible que un Rolls Royce no cueste más de ocho mil dólares. 5. Es imposible que lleguemos a la universidad en cinco minutos. 6. Es probable que saque una "B" en español.

E, pág. 172 Answers will vary.

F, pág. 172 Answers will vary.

G, pág. 172 Answers will vary.

¿Recuerda el vocabulario nuevo?: A, pág. 173 1. bate / guante 2. hipódromo 3. acuático 4. empataron 5. juegos 6. nadador 7. carrera 8. campeonato / lucha 9. gimnasia 10. atleta

B, pág. 173 Answers will vary.

Hablemos de deportes, pág. 174 1. Los cursos se ofrecen en el verano. 2. Lo van a aceptar en Inglaterra. 3. Se ofrecen clases de informática, artes plásticas y actividades culturales. 4. Ofrecen clases de dry ski, esgrima (*fencing*), karts y moto cross.   5. Sí, puede hacerlo, porque pueden ser externos.

LECTURAS PERIODÍSTICAS

B, pág. 175   1. Es el propietario del equipo de los Marlins.   2. Son un equipo de béisbol. Son importantes para la Florida porque son el primer equipo de grandes ligas en el estado.   3. Una de sus metas es convertir a los Marlins en el equipo de toda América Latina.   4. Escogió Miami porque es la puerta a Centro y Sur América y al Caribe.   5. Quiere jugadores de categoría, pero si tiene dos jugadores buenos y uno es latino, éste tendría preferencia.   6. Va a invertir el tiempo, el esfuerzo y el dinero necesarios.

TELEINFORME

Preparación, pág. 178   Answers will vary

Comprensión: A, pág. 178   1. deportes / populares   2. especialidad / montaña   3. primeros / subiendo / bajando   4. éxito / categoría   5. entrenamientos / competencias   6. Lucho Herrera   7. Vuelta a España

B, pág. 178   1. Porque ya hace muchos años que juega al tenis.   2. Imitaba a sus hermanos mayores.   3. Lo vive con pasión.   4. Reacciona con alegría, y a veces llora.   5. Se entrena intensamente para mejorar.   6. Mantener su estado físico, practicar nuevos golpes y aprender de sus contrincantes.   7. Su entrenador es el norteamericano Mike Stith. Él intenta perfeccionar todos los movimientos de Arantxa.   8. Recibió un coche.

Ampliación, pág. 178   Answers will vary.

LECCIÓN 8

Charlemos, pág. 181   1. Le dice que va a tener siete años de mala suerte porque acaba de romper un espejo. 2. Porque dice que, por si acaso, ella siempre ha evitado pasar por debajo de una escalera o cerca de un gato negro. 3. Siempre había pensado que solamente eran supersticiosos los pueblos atrasados.   4. En los Estados Unidos el día de mala suerte es el viernes trece; en Puerto Rico, es el martes trece.   5. Habla de la gente que cree que una pata de conejo, un trébol de cuatro hojas o una herradura traen buena suerte. También dice que en el campo mucha gente cree que si una mujer embarazada mira la luna el bebé va a nacer con una mancha en la cara. 6. Menciona las romerías, las ferias y las fiestas del santo patrón del pueblo.   7. Ha visto la Semana Santa y la feria de San Fermín.   8. Menciona la Nochebuena, la Misa del Gallo, las posadas y los pesebres.   9. En las Antillas el 31 de diciembre tiran agua a la calle para alejar los malos espíritus. Esta costumbre es de origen africano. 10. Answers will vary.

Palabras problemáticas, pág. 183   1. Creo que tiene unos...   2. Creo que va a hablar sobre (de, acerca de)... 3. Va a empezar a eso de...   4. Es el último día de la semana.   5. La semana pasada estudiamos la lección...

Estructuras gramaticales: A, pág. 184   1. No me traigas el libro.   2. No te acuestes ahora.   3. No sirvas la cena.   4. No te sientes aquí.   5. No le mientas a ella. 6. No le pidas dinero a Carlos.   7. No toques el piano. 8. No te rías.   9. No te quejes.   10. No vengas mañana.

B, pág. 184   1. Levántate temprano.   2. Báñate y vístete.   3. No te pongas los pantalones azules; ponte los blancos.   4. Haz la tarea, pero no la hagas mirando televisión.   5. Sal de la casa a las once.   6. Ve al mercado, pero no vayas en bicicleta.   7. Vuelve a casa temprano y dile a Rosa que la fiesta es mañana.   8. Ten cuidado y no le abras la puerta a nadie.   9. Sé bueno y no te acuestes tarde.   10. Cierra las puertas y apaga las luces. 11. Llámame por teléfono si necesitas algo.   12. No mires televisión hasta muy tarde.

C, pág. 184   Answers will vary.

pág. 185   1. Respetad a vuestro padre.   2. Bañaos ahora.   3. Deseadnos éxito.   4. No os fijéis en eso. 5. Disminuid los gastos.   6. Invitad a las chicas.   7. No salgáis tarde.   8. Levantaos temprano.   9. Idos.   10. No hagáis eso.

pág. 186   1. apreciado   2. supuesto   3. descubierto 4. envuelto   5. contribuido   6. devuelto   7. comentado 8. parecido   9. celebrado   10. muerto   11. leído 12. roto   13. hecho   14. evitado   15. cubierto

16. puesto   17. huido   18. dicho   19. caído 20. escrito

pág. 187   1. roto   2. preso   3. electo / resueltos 4. encendidas   5. sustituto   6. escrito / confuso 7. despiertos   8. sueltos

A, pág. 188   1. han terminado / hemos hecho   2. han venido / han vuelto   3. has dicho / he dicho   4. ha escrito / he leído   5. han ido / han traído   6. has puesto / he visto

B, pág. 188   has visto / he visto / hemos estado / hemos salido / has estado / he tenido / han dicho / he querido / han vuelto / han traído (comprado) / he escrito / he comido

C, pág. 188   Answers will vary.

A, pág. 189   1. Tú ya habías roto el plato cuando nosotros movimos la mesa.   2. Nosotros ya habíamos servido la cena cuando tú llegaste a casa.   3. El bebé ya había nacido cuando el médico llegó.   4. Todos ya habían muerto cuando llegaron los paramédicos.   5. Yo ya había terminado el trabajo cuando tú viniste.   6. Nosotros ya habíamos preparado el desayuno cuando Uds. se levantaron.

B, pág. 189   Answers will vary.

A, pág. 191   1. gran presidente   2. misma clase / Carlos mismo   3. antigua ciudad / ciudad muy interesante   4. lápices rojos   5. mujeres republicanas 6. algunos agentes   7. perfume francés   8. ventana abierta   9. mujer grande   10. ninguna limitación 11. famoso actor   12. única profesora   13. hombre pobre   14. mujer única

B, pág. 192   1. —Siempre evito pasar cerca de un gato negro o pasar debajo de una escalera. —Ud. (tú) es (eres) una persona muy supersticiosa.   2. —¿Quién era su (tu) compañera de cuarto cuando estaba(s) en la universidad? —Ana Torres, una chica puertorriqueña.   3. —¿Adónde fueron Uds. el verano pasado? —Visitamos la antigua ciudad de Atenas.   4. —¿Fuiste a la feria, Ana? —Sí, y llevé a mis dos amigas norteamericanas conmigo. 5. —Ella es una chica muy bonita, ¿no es verdad? (¿No?) —Sí, me encantan (amo) sus hermosos ojos...

¿Cuánto sabe Ud. ahora?: A, pág. 192   1. comparto / puertorriqueño   2. embarazada   3. Nochebuena / Misa 4. pata / hojas   5. nací / así   6. debajo   7. espejo 8. (tres) Reyes   9. gato   10. Feria / cambié 11. relacionadas   12. tema   13. olvides   14. sueltan 15. época

B, pág. 193   *Lauren:* Uds. y mis padres son viejos amigos, ¿verdad? *Sra. Martínez:* Yes, we met twenty-two years ago. I had started college in New York, and Juan and I had met in September. We met your parents the same month. It was a lucky day, in spite of being Tuesday the thirteenth!   *Lauren:* Sr. Martínez, mi padre dice que Ud. y él llevaban patas de conejo, tréboles de cuatro hojas y herraduras a los partidos de béisbol para traerles buena suerte.   *Sr. Martínez:* Yes, it's true, but we weren't the only superstitious players.   *Lauren:* Esperamos que vengan a Nueva York para Navidad este año. ¿Han pensado en eso?   *Sra. Martínez:* We always celebrate Christmas Eve with the family, but we're planning to be in New York by December 31. We have returned to New York many times—we love to see the big (great) city and visit our friends.

C, pág. 193 (*Use of adjectives may vary.*)   Si Ud. quiere tener unas magníficas vacaciones, debe visitar las islas del Mar del Sur. Allí va a encontrar numerosas atracciones: hermosas playas donde los turistas americanos pasan los días al sol y modernos hoteles frente al mar. Los hoteles están rodeados de flores rojas y amarillas y sirven comida francesa de varios tipos. No hay altas montañas cubiertas de blanca nieve, pero hay muchos lugares tranquilos para descansar.

D, pág. 194   1. Sí, es un hombre grande.   2. Sí, somos viejos amigos.   3. No, tengo que hablar con el director mismo.   4. Sí, es un hombre pobre.   5. No, es una mujer única.   6. No, quiero usar el mismo libro.   7. Sí, es un hombre viejo.   8. Sí, es un gran actor.   9. ¡No, pobre niña!   10. No, éstas son mis únicas sandalias.

E, pág. 194   Answers will vary.

F, pág. 194   Answers will vary.

G, pág. 194   Answers will vary.

¿Recuerda el vocabulario nuevo?:   A, pág. 195
1. signo   2. Día de la Madre / Día del Padre   3. el Día de Acción de Gracias   4. ojo / amuleto   5. víspera de Año Nuevo   6. magia   7. mago   8. Día de los Enamorados   9. Año Nuevo   10. demonio   11. Día de la Independencia   12. Día del Trabajo

B, pág. 195   Answers will vary.

Hablemos del horóscopo, pág. 197   1. Esteban no les a escrito a sus amigos recientemente.   2. Raquel es del signo de Leo y sus problemas económicos van a desaparecer.   3. Francisco es del signo de Géminis y va a conocer a alguien muy interesante.   4. Dolores no debe preocuparse por su futuro porque es del signo de Sagitario y va a recibir buenas noticias.   5. Su signo es Virgo. No, no va a tener problemas con su novio.   6. Roberto no va a resolver sus dificultades fácilmente porque es del signo de Aries.   7. Luis es del signo de Escorpión; antes de tomar una decisión debe pensarlo muy bien.   8. No, no debe gastar mucho dinero hoy porque es del signo de Cáncer. 9. No, no debe salir porque para un Capricornio no es buen día para hacer un viaje.   10. No, no debe darse por vencido, porque es del signo de Libra.   11. Es del signo de Tauro. Creo que podrá ir de vacaciones porque va a recibir mucho dinero.   12. Es del signo de Acuario, y va a recibir una sorpresa.

LECTURAS PERIODÍSTICAS

B, pág. 198   1. Está situada en los Andes, a una altura de 3.400 metros.   2. Son los incas y los españoles.   3. Es una fiesta de características propias, donde se mezclan elementos cristianos y andinos.   4. Las sacaban de sus palacios y las llevaban en procesión por las calles de la ciudad.   5. Se trasladan a la catedral las imágenes de las vírgenes y de los santos patronos de las iglesias de Cuzco. El jueves santo son sacadas todas para la procesión que tiene lugar en la Plaza de Armas.   6. Dura todo el año. 7. El dualismo, la cohesión, la rivalidad y la reciprocidad han definido siempre la organización social andina.

TELEINFORME

Preparación, pág. 200   Answers will vary.

Comprensión: A, pág. 201   Answers will vary.

B, pág. 201   1. c   2. c   3. b   4. a   5. a   6. c

Ampliación, pág. 202   Answers will vary.

LECCIÓN 9

Charlemos, pág. 205   1. La familia Estévez está de vacaciones en Venezuela. Mientras esperan en la estación de servicio conversan animadamente.   2. El empleado va a llenar el tanque y a revisar el acumulador, el aceite y la presión de aire de las llantas.   3. Le preguntará si tiene cambio para un billete de diez mil bolívares.   4. Cree que todos los venezolanos tienen coche porque la gasolina es muy barata.   5. Los automóviles son tan caros porque el gobierno cobra derechos de aduana muy elevados.   6. Les vende petróleo.   7. Usa las divisas para industrializar el país y para ayudar al pueblo a soportar la inflación. 8. Answers will vary.   9. Reduce los embotellamientos de tráfico, el ruido en las ciudades y la contaminación del aire. 10. Answers will vary.

Palabras problemáticas, pág. 206   1. guardas 2. soportar (aguantar)   3. mantener   4. ahorra   5. salvar

Estructuras gramaticales: A, pág. 208   Answers will vary.

B, pág. 209   Answers will vary.

C, pág. 209   Answers will vary.

A, pág. 210   Answers will vary.

B, pág. 210   Answers will vary.

A, pág. 212   1. Dijeron que lo terminarían en dos años. 2. Pensaba que no podría pagarlos (no los podría pagar). 3. Dijo que las cambiaría.   4. Opinaban que se debería limitar (debería limitarse).   5. Dijo que vendrían pronto. 6. Dijo que no saldría con él.

B, pág. 213   Answers will vary.

pág. 213   Answers will vary.

A, pág. 214   Answers will vary.

B, pág. 214   Answers will vary.

A, pág. 216   1. Yo habría revisado la presión del aire de las llantas.   2. Mi papá le habría puesto agua al radiador. 3. Nosotros habríamos llevado mapas.   4. Tú habrías salido a las ocho de la mañana.   5. Mis hermanas habrían cubierto los muebles de su apartamento.   6. Uds. les habrían escrito muchas cartas a sus padres.   7. Marta y yo les habríamos dicho a Uds. cuándo volvíamos.   8. Ud. habría vuelto en...

B, pág. 216   Answers will vary.

A, pág. 217   1. al cabeza   2. El cura   3. la capital 4. Los policías   5. la manga / el mango   6. el fondo 7. una fonda   8. la guía   9. el capital   10. una parte / el resto   11. la orden   12. el puerto   13. la punta   14. el frente

B, pág. 218   1. h   2. a   3. i   4. g   5. j   6. b   7. m 8. c   9. e   10. d   11. f   12. n   13. l   14. k   15. q 16. r   17. o   18. p

¿Cuánto sabe usted ahora?: A, pág. 218   1. derechos de aduana   2. estación de servicio   3. tanque 4. acumulador   5. soportar   6. parar   7. neumático 8. venezolano(a)   9. tarjeta de crédito   10. con mucho gusto   11. devolver   12. embotellamiento   13. revisar 14. transporte colectivo

B, pág. 219   *José Luis:* Cars cause many problems in cities. Why don't you have a good public transportation system?   *Rachel:* Porque la gente no querría usar el ómnibus o el subterráneo. Consideran el coche un artículo de primera necesidad.   *José Luis:* Well, it's the main cause of air pollution.   *Rachel:* Estoy de acuerdo. ¡Habrá que hacer algo! Y hay otros problemas también: embotellamientos de tráfico, accidentes...   *José Luis:* Noise in the streets . . .   *Rachel:* ¿Cuál será la solución a estos problemas?   *José Luis:* I'm not sure, but unless we all learn to save energy, things will be worse.

C, pág. 219   me levantaré / me vestiré / saldré / Llegaré / vendrá / dirá / podré / estarán / Prepararé / haré / invitaré / querrá / pondré / escribiré / tendré

D, pág. 219   1. Yo me habría levantado mucho más temprano y habría limpiado la casa.   2. Elvira habría comprado comida y refrescos.   3. Tú habrías traído los discos de música latina.   4. Carlos y Alicia habrían vuelto temprano de la escuela.   5. Víctor y yo habríamos preparado un buen postre.   6. Uds. se habrían puesto a lavar las copas.

E, pág. 219   Answers will vary.

F, pág. 220   1. La policía / la cabeza / la guardia / el parte / el orden / la capital   2. policías / la fonda / el puerto   3. la cura   4. la cabeza   5. modo   6. moda / mangas / la banda

G, pág. 220   Answers will vary.

¿Recuerda el vocabulario nuevo?: A, pág. 221 1. taller de mecánica   2. radiador   3. gato   4. grúa 5. semáforo   6. frenos

B, pág. 221   1. ventanilla   2. limpiaparabrisas   3. capó 4. faro   5. llanta   6. indicador   7. volante   8. asiento 9. maletero   10. parachoques

Hablemos del transporte, pág. 222   1. Anuncian el Seat 131 Supermirafiori.   2. No, porque el coche es fuerte y nos dará un rendimiento óptimo durante muchos años. 3. Su avanzada mecánica y su motor, su suspensión, su frenada y su habitáculo reforzado.   4. Sí, porque su rápida, fiel y potente frenada le permite detenerse siempre a tiempo.   5. Porque está reforzado por tres anillos de acero.   6. Un parachoques envolvente protege la carrocería de pequeños golpes.   7. Es suave y precisa.   8. Answers will vary.

LECTURAS PERIODÍSTICAS

B, pág. 224   1. Para los conductores de autobuses, transporte escolar, mercancías peligrosas, vehículos de emergencia, taxis y transportes especiales.   2. Está permitido para advertir de la presencia de nuestro vehículo, avisar de la intención de adelantar o evitar un accidente.   3. Tendrán que usar casco.   4. Está prohibido porque puede causar incendios u otros daños.   5. Debe llevar un elemento reflectante bien visible.   6. Les está prohibido circular por la calle y agarrarse a los vehículos y dejarse arrastrar por ellos.   7. Les está prohibido viajar en los asientos delanteros.   8. No podrán utilizar auriculares conectados a aparatos de sonido, incluídos los teléfonos.

TELEINFORME

Preparación, pág. 226   Answers will vary.

Comprensión: A, pág. 226   1. fin de semana / carretera   2. pedimos / conduzca / prudencia   3. importante / vuelvan   4. invirtió / oro   5. hombre / mujer / se casaba / mejor   6. vida / confiar

B, pág. 227   Problems mentioned: 1, 2, 4, 6. Follow-up responses will vary.

Ampliación, pág. 227   Answers will vary.

Lección 10

Charlemos, pág. 235   1. Estudian español en una universidad en Miami.   2. El primer problema de que hablan es la contaminación del medio ambiente.   3. Pablo es optimista; dice que estamos dando pasos para resolver los problemas del medio ambiente.   4. Dice que es necesario que las fábricas usen combustibles más limpios y que nosotros usemos menos pulverizadores de productos químicos y no produzcamos tanta basura.   5. Se pueden reciclar los periódicos, los plásticos, el aluminio y el vidrio. 6. Menciona las pandillas, los sin hogar y la miseria. 7. Dicen que ni aún los pueblos pequeños están libres de las drogas y de otros problemas sociales como los asesinatos, las violaciones y los robos.   8. Answers will vary.   9. Answers will vary.   10. Answers will vary.

Palabras problemáticas, pág. 236   1. Quedé suspendido(a)   2. gratis   3. fracasó   4. dejar   5. libres

Estructuras gramaticales: A, pág. 237   1. El problema no será fácil de resolver a menos que todos nosotros cooperemos.   2. Las fábricas van a usar combustibles más limpios a fin de que (para que) haya menos contaminación del aire.   3. No disminuirá la cantidad de basura sin que (a menos que) ellos reciclen periódicos y vidrio.   4. Nosotros pensamos cooperar con tal de que Uds. nos ayuden.   5. No podemos resolver totalmente los problemas sociales a menos que (sin que) eduquemos al pueblo.   6. Yo voy a hablar de los problemas sociales con tal de que (en caso de que) tú menciones los problemas ambientales.   7. Hay que tratar de resolver el problema, antes de que se agrave la situación.

B, pág. 237   Answers will vary.

A, pág. 239   Posibilidades: Siempre lo espero hasta que llega a casa. / Voy contigo así que termine el trabajo. / Lo mandé por vía aérea de manera que lo va a recibir mañana. / Hablé con él en cuanto vino. / Voy a llamarla tan pronto como llegue a casa. / Vamos a ir a la playa aunque llueva. / Lo vamos a comprar en cuanto tengamos dinero. / Saldremos el lunes aunque esté enfermo.

B, pág. 239   Answers will vary.

A, pág. 241   1. Le dijo a Carlos que fuera al laboratorio. 2. Nos dijo que estudiáramos la lección cuatro.   3. Les dijo al señor Soto y a la señora Balboa que prepararan un informe sobre los problemas urbanos.   4. Me dijo que trajera revistas en español.   5. Te dijo que pusieras los libros en el escritorio.   6. A Elena le dijo que le pidiera los exámenes a la secretaria.   7. A Uds. les dijo que vinieran a clase más temprano.   8. A mí me dijo que estuviera aquí mañana a las ocho.

B, pág. 241   1. Dijo que no creía que los problemas fueran fáciles de resolver.   2. Dijo que era una lástima que tuviéramos tantos desechos químicos.   3. Dijo que era necesario que limitáramos el uso de pulverizadores. 4. Dijo que era importante que estudiáramos los problemas de los sin hogar.   5. Dijo que no era cierto que la educación fuera nuestra primera prioridad.   6. Dijo que era urgente que hiciéramos un esfuerzo para solucionar estos problemas.

C, pág. 241   Answers will vary.

A, pág. 242   1. tengo / pudiera   2. fuera / diera 3. puedo / fuera / quieren / tenemos

B, pág. 243   Answers will vary.

pág. 244   1. No usar el ascensor en caso de incendio. 2. Tengo varios poemas sin publicar.   3. Los oímos hablar en inglés.   4. Entrar por la izquierda.   5. Trabajar es necesario.   6. Los vi salir.   7. Me gusta escucharla cantar.   8. Todavía tengo dos regalos sin abrir. 9. Agregar una taza de agua.   10. No fumar aquí. 11. Oímos sonar el teléfono.   12. Estudiar es importante para mí.

A, pág. 245   1. —¿El profesor (La profesora) te dijo que el examen sería difícil? —¡Sí, me voy a poner a estudiar ahora mismo!   2. —¿Ella volvió a dar la conferencia? —Sí, y aún tuvo tiempo para contestar preguntas. 3. —¿Qué hizo ella cuando regresó (volvió)? —Se puso a trabajar en seguida.   4. —Anoche, después de que tú te fuiste (saliste), me puse a limpiar la casa. —¿Volviste a limpiar la casa? ¡No estaba sucia!   5. —Estoy muy sorprendido(a). Rosa acaba de decirme que Raquel y Luis salieron juntos anoche. —¿Sabes si se divirtieron? —Sí, acabo de hablar con Raquel.

B, pág. 245   1. Acabo de llegar.   2. Porque acabo de comer.   3. Voy a volver a lavarlo. (Lo voy a volver a lavar.)   4. Me dijo que volviera a escribirlo (lo volviera a escribir).   5. Me puse a trabajar.   6. Voy a ponerme (Me voy a poner) a estudiar.

¿Cuánto sabe usted ahora?:   A, pág. 246   1. grave 2. cooperar   3. fracasar   4. crímenes   5. vivienda 6. agravarse   7. fábrica   8. opinar   9. desecho 10. complejo   11. educar   12. solucionar   13. poco a poco   14. pobreza   15. los sin hogar

B, pág. 246   *Al:* ¿Te gusta la vida en la ciudad (la vida urbana)? *Ester:* Yes, very much, especially the people. *Al:* Este es un buen barrio. No hay grandes problemas con las pandillas ni las drogas. El año pasado tuvimos unos cuantos robos, pero no hemos tenido ninguno este año. *Ester:* I really believe that social problems are the cause of delinquency (crime). *Al:* Y nada cambiará a menos que todos cooperemos.   *Ester*: Speaking of cooperation, I'm working with the neighborhood association to encourage recycling and the use of biodegradable products. Are you interested in helping us?   *Al*: Me encantaría. Resolver los problemas del medio ambiente tiene que ser nuestra primera prioridad.

C, pág. 246   Answers will vary.

D, pág. 247   1. Elena le dijo a su hermana que estudiara sus lecciones y que hiciera la tarea.   2. Elena le dijo a su hermana que preparara la comida y la tuviera lista para las cinco.   3. Elena le dijo a su hermana que lavara los platos y que los pusiera en su lugar.   4. Elena le dijo a su hermana que se bañara y que bañara a los niños.   5. Elena le dijo a su hermana que fuera al mercado y que comprara lo que hiciera falta.   6. Elena le dijo a su hermana que, antes de salir, se fijara que todas las puertas estuvieran cerradas.   7. Elena le dijo a su hermana que llevara el coche a la gasolinera y le dijera al mecánico que lo revisara.   8. Elena le dijo a su hermana que tratara de estar de vuelta antes de las cuatro.

E, pág. 247   Answers will vary.

F, pág. 247   Answers will vary.

G, pág. 247   Answers will vary.

¿Recuerda el vocabulario nuevo?:   A, pág. 248
1. comité   2. asalto   3. alcalde   4. huelga
5. secuestraron / rescate   6. armas   7. ladrón
8. asesinos / capital (de muerte)   9. democracia
10. asesinó   11. cárcel (prisión)

B, pág. 248   Answers will vary.

Hablemos de la vida urbana, pág. 250   1. Detuvo a veintidós carteristas.   2. Se enfrentaron a tiros con un grupo de narcotraficantes.   3. Tres personas resultaron muertas.   4. Se llevaron más de medio millón de dólares.   5. No han detenido a nadie.   6. Es el alcalde de la problación de Achí, en el Departamento de Bolívar, y fue secuestrado.   7. Answers will vary.

LECTURAS PERIODÍSTICAS

B, pág. 251   1. Los llamados productos "verdes" o "biodegradables".   2. No, porque algunas empresas utilizan el engaño, y otras simplemente presentan alegatos totalmente irrelevantes.   3. No, porque ninguno lo tiene. Desde 1978 los aerosoles con CFC están prohibidos en los Estados Unidos.   4. Porque se usa en cientos de productos cuya biodegradabilidad va desde meses hasta miles de millones de años.   5. Es mejor comprar productos reciclados porque estimula a las empresas que los producen. El hecho de que un producto sea reciclable no significa que será reciclado.   6. Debemos comprar frutas y vegetales orgánicos.   7. Debemos llevar bolsas de tela al supermercado.

TELEINFORME

Preparación, pág.254   Answers will vary.

A, pág. 254   Advice given in the video: 1, 3, 4, 5, 8. Follow-up answers will vary.

Comprensión: B, pág. 254   Answers will vary. Sample answers: 1. la luz roja del semáforo   2. las ocho horas de trabajo   3. algo que no se ha hecho hasta ahora   4. estudios vocacionales   5. trabajar legalmente   6. el mercado negro   7. leyes que protegen a los trabajadores

Ampliación, pág. 254   Answers will vary.

LECCIÓN 11

Charlemos, pág. 257   1. Tiene un programa de entrevistas.   2. Es famosa porque es actriz de cine y televisión.   3. Fue a Buenos Aires para asistir al Festival de Cine.   4. No va a tener ningún papel en la telenovela "Mis hijos".   5. Espera que gane un premio porque ella es a la vez actriz, directora y productora de la película. 6. Quiere ir al estreno.   7. Opina que es demasiado conservador, porque Valle habla de la necesidad de la censura en los medios de comunicación.   8. Opina que están más preocupados por la comercialización que por el arte.   9. Sí, van a verla porque Marcos va a grabarla para verla más tarde.   10. Answers will vary.

Palabras problemáticas, pág. 258   1. —Yo creo que necesitamos la censura. —Yo no estoy de acuerdo contigo. 2. ¿Cuándo va(s) a ver al productor? —Quedamos en vernos a mediados de agosto.   3. —¡Tu novio es muy bajo! —No es bajo. Es de estatura mediana.   4. —Están peleándose en el medio de la calle. —Lo sé. Ellos nunca pueden ponerse de acuerdo en nada.

Estructuras gramaticales: A, pág. 259   1. haya limpiado / haya hecho / haya llegado   2. haya estado / haya traído / hayamos podido   3. haya comprado / haya ido   4. hayan venido / hayas preparado

B, pág. 260   1. —¿Dónde está Roberto? ¿Está todavía en el aeropuerto? Espero que no se haya perdido. —Dudo que haya aterrizado su avión. —Espero que Ud. (tú) haya(s) reservado una mesa para esta noche. —No hay necesidad de (No es necesario) reservar una mesa los lunes.   2. —Lamento (Siento) que Ud. (tú) haya(s) estado enfermo(a). —Pues... por suerte mis amigos me ayudaron con mi trabajo. —No creo que Raúl haya terminado (completado) todo el trabajo que le dio (diste). —Estoy seguro(a) de que (él) lo ha hecho todo.

A, pág. 261   1. Mis amigos lamentaron que yo me hubiera mudado tan lejos.   2. El jefe de mi papá sintió que él hubiera dejado la oficina.   3. Raquel no creía que nosotros hubiéramos decidido mudarnos.   4. Mis abuelos se alegraron de que mis padres hubieran vuelto a California.   5. Olga no esperaba que nosotros hubiéramos encontrado una casa grande y barata.

B, pág. 261   1. Si me hubieran dado el descuento que yo quería, yo habría comprado el coche.   2. Si me hubieran ofrecido media botella de vino blanco, yo la habría aceptado.   3. Si hubiera habido habitaciones libres en los hoteles, nosotros habríamos pasado un fin de semana en la Costa del Sol.   4. Si hubiera salido temprano de casa, yo habría llegado a tiempo a la cita.   5. Si hubiéramos hecho

reservaciones en un hotel, nosotros habríamos ido a Río para la época de Carnaval.   6. Si hubiera tenido mis documentos en regla, yo habría ido a Europa.   7. Si hubiera habido un vuelo directo, yo habría tomado el avión.   8. Si me hubieran ofrecido un puesto trabajando con otra persona, yo lo habría aceptado.

C, pág. 262   Answers will vary.

A, pág. 263   poder / vengas / es / tenga / encontremos / vengas / ir / tome / puedo / pudieras / cambien / hagamos / vengas / hagas / prepare

B, pág. 263   Answers will vary.

pág. 265   Answers will vary.

pág. 267   a / de / a / a / de / de / de / a / en / a / de / a / en / a / en / a

pág. 268   1. me comprometí con / casarte con / me di cuenta de / enamorada de / soñaba con / me alegro de 2. saliste de / Traté de / me olvidé de / convinimos en 3. acuérdate de / encontrarse con / insiste en / cuente(s) conmigo   4. pensando en / Te fijaste en / entré en

¿Cuánto sabe usted ahora?: A, pág. 268   1. Espero 2. hay   3. canal   4. pena   5. placer   6. espectáculos 7. vez   8. gracias   9. contenta   10. grabar 11. necesidad / medios / prensa   12. conservador

B, pág. 269   *Ed:* ¿Es verdad que le han ofrecido el papel principal en una telenovela argentina?   *Mirta:* It's not true that they have offered me the lead role, but they have offered me a pretty important role.   *Ed:* ¿Va Ud. a aceptarlo?   *Mirta:* I have not decided yet, but I have always dreamed of living in Buenos Aires.   *Ed:* Leí que Ud. estaba comprometida con un productor famoso... *Mirta:* Alfonso Ferrer? We are only friends. He is going to marry a singer from Venezuela.   *Ed:* ¿Es verdad que Ud. quiere ser productora y directora?   *Mirta:* Maybe someday . . . I hope to have that opportunity.   *Ed:* Espero que pueda volver a los Estados Unidos pronto. Quiero darle las gracias por permitirme entrevistarla.   *Mirta:* It has been a pleasure to talk with you.

C, pág. 269   Answers will vary.

D, pág. 269   *Eva:* verte / pudieras   *Mario:* hubiera tenido / llamara   *Eva:* tuvieras / te invito   *Mario:* des / hable   *Eva:* habla / llame   *Mario:* llamaras *Eva:* pueda / vaya   *Mario:* entrevistar / sea / empiece *Eva:* llame

E, pág. 270   de / de / a / a / de / de / en / de / de / de / de / Por / en / a / Por / de / de / de / en / de / a / en / de / en / en / de / a

F, pág. 270   Answers will vary.

G, pág. 271   Answers will vary.

H, pág. 271   Answers will vary.

¿Recuerda el vocabulario nuevo?, pág. 271
1. pantalla   2. portada   3. columna   4. corresponsal
5. publicidad   6. actor   7. lenta   8. subscribirse
9. documental   10. telediario   11. locutora

B, pág. 271   Answers will vary.

Hablemos de televisión, pág. 272   1. Hay programas
religiosos a las tres (Club cristiano costarricense), a las tres
y media (Cruzada de Jimmy Swaggart), a las cuatro (Club
700) y a las cuatro y media (Jesucristo TV).   2. Ud. puede
ver Aeróbicos a las nueve.   3. Answers will vary.   4. En
el canal dos. La protagonista es María Antonieta Pons.
5. "Las aventuras de Lassie".   6. Puedes verlas a las doce
y cuarto, a la una y cinco, a las diez, a las once, y a las once
y media.   7. Answers will vary. (*Posibilidades:* Plaza
Sésamo, Los Pitufos (*Smurfs*), Scooby Doo)   8. Creo que
va a ver Vólibol en vivo (canal cuatro) o En ruta al
mundial (canal dos).   9. Cocinando con tía Florita.
10. Comienza a las ocho y treinta y cinco de la mañana y
termina a la una y cinco de la mañana.   11. Answers will
vary.   12. Answers will vary.

B, pág. 274   1. Dice que son larguísimas; a veces llegan a
las siete de la mañana para el maquillaje, frecuentemente
trabajan hasta las nueve o diez de la noche, y a veces
filman hasta las dos de la mañana.   2. Se transmite a
través de Univisión.   3. Es parte de un nuevo tipo de
telenovela con valores de producción más altos, actores
mejor preparados, escenografías y vestuarios más
fastuosos, diálogos más realistas y ligeros, y una edición
más vertiginosa que hace que la telenovela parezca un
videoclip.   4. El argumento gira en torno a los enredos
románticos, profesionales y familiares de unas jovencitas
que se conocen en una escuela de artes escénicas.
5. Cecilia es la actriz de más experiencia y tiene la ventaja
de hablar inglés sin acento.   6. Aspiran a participar en el
resurgimiento del cine mexicano.

Preparación, pág. 276   Answers will vary.

Comprensión: A, pág. 276   1. Latin Empire   2. la
grabación de un disco   3. los sueños   4. El Barrio
5. ¡Póngase a estudiar! (Es importante estudiar.)

B, pág. 277   4, 3, 1, 5, 6, 2

Ampliación, pág. 277   Answers will vary.